Salut!

In diesem Heft kannst du die **Grammatikregeln** aus *Tous ensemble 3* lektionsweise **entdecken**, **verstehen** und **lernen**.

Anhand von vielen **Übungen** kannst du das Gelernte gleich im Anschluss **Schritt für Schritt trainieren**.

Alle **Lösungen** zu den Übungen befinden sich am Ende des Heftes, sodass du deine Ergebnisse selbstständig **überprüfen** kannst.

Bonne chance!
L'équipe de *Tous ensemble*

Inhaltsverzeichnis

1 Elle est contente – Die Adjektive → G5 → nach SB, Atelier, Ü1

a Regarde les photos, lis les phrases et explique les terminaisons *(erkläre die Endungen)* des adjectifs.

1

Il est content.

2

Elle est contente.

3
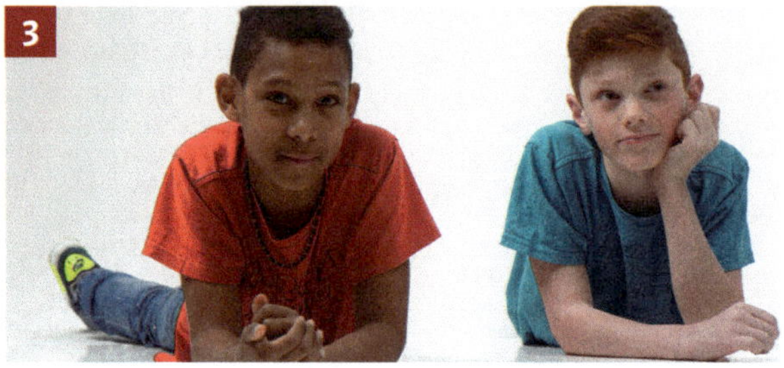
Ils sont contents.

4

Elles sont contentes.

b Complète les dialogues avec les adjectifs à la bonne forme.

Manche Adjektive haben die Endungen **-eux**/**-euse**, **-oux**/**-ouse** *oder* **-if**/**-ive** *(z. B. amoureux, jaloux, agressif). Im Plural enden diese Adjektive auf:* **-eux**/**-euses**, **-oux**/**-ouses**, **-ifs**/**-ives**.

1. *Lina:* Ce soir, je suis .... à la maison. **seul**
   Vous venez chez moi? On peut regarder un film.
   Théo: Super idée! Moi, je viens.
   Lina: Et vous, Emma et Farid? Vous venez aussi?
   Emma: D'accord. Je viens.
   Farid: Je ne sais pas. Je suis .... **fatigué**
2. *Lina:* Farid est .... en ce moment. Il est ....? **bizarre** **fâché**
   Emma: Il est peut-être .... parce que tu rigoles souvent avec Théo. **jaloux**
   Lina: Mais pourquoi?
   Emma: Il est peut-être ....? **amoureux**
   Lina: N'importe quoi!
   Emma: Et toi? Tu es .... de Théo? **amoureux**
   Lina: Je ne sais pas. Peut-être un peu.

→

c Complète le texte avec les adjectifs à la bonne forme.

Aujourd'hui, Lina et Emma vont au cinéma. Théo et Farid ne peuvent pas.

Ils sont .... (malade). Les copines prennent le métro. Dans le métro, deux filles insultent[1] un petit garçon. Lina et Emma sont .... (courageux).

Emma: Regarde comme elles sont .... (agressif). Il faut faire quelque chose.

Lina: Eh, les filles! Arrêtez!

Fille 1: Casse-toi!

Lina: Qu'est-ce que vous avez contre lui?

Fille 2: Ça ne te regarde pas.

Emma: C'est .... (lâche). Il est .... (seul) et vous êtes à deux[2]!

Viens, il y a encore une place chez nous.

Le garçon: Merci!

Ecris ta phrase préférée avec un adjectif.

....

....

2 Ils n'attendent pas … – Die Verneinung → G12 → vor SB, Atelier, Ü8

a Regarde les scènes, lis et observe *(beobachte)*. Que signifient *(Was bedeuten)* **ne … pas**, **ne … pas encore**, **ne … plus** et **ne … rien**?

1 insulter qn jdn beleidigen **2 à deux** zu zweit

b Complète.

ne … pas = ... ne … pas encore = ...

ne … plus = ... ne … rien = ...

3 Théo n'est pas encore là → G12 → nach SB, Atelier, Ü8

Complète le dialogue avec les négations suivantes.

ne … pas (x3) | ne … plus | ne … rien | ne … pas encore

1. Aujourd'hui, Farid fait une fête, mais Théo n'est pas là.

Emma: Est-ce que Théo .... vient ....?

Lina: Je .... sais .... Il .... a .... dit.

Emma: Tu lui demandes?

Lina: D'accord … Mince, mon portable .... a .... de batterie.

Emma: Attends, je lui envoie un texto.

2. *Lina:* Alors, qu'est-ce qu'il a répondu?

Emma: Il .... vient ....

Lina: Pourquoi?

Emma: Il .... a .... révisé l'anglais pour l'interro.

1 **prêt / prête** bereit, fertig

4 Qu'est-ce que tu dis en français? → G12 → nach SB, Atelier, Ü8

Farid et Théo discutent. Mets les mots dans le bon ordre et écris les réponses de Théo.

1. *Farid:* Tu ne veux plus jouer au foot? non · plus · envie · n' · je · ai · .

   Théo: ....

2. *Farid:* On va à la piscine? n' · pas · envie · ai · je · de faire de la natation · .

   Théo: ....

3. *Farid:* On va à la fête de Lina demain?

   à mes parents · n' · encore · je · ai · pas · demandé · .

   Théo: ....

4. *Farid:* C'était comment, l'interro? rien · n' · je · compris · ai · .

   Théo: ....

5 On ne dit rien à Noémie – Das Verb *dire* → G24.5 → vor SB, Atelier, Ü10

a Surligne les formes du verbe **dire**.

1. Samedi, c'est l'anniversaire de Noémie. Maxime et Malika discutent.
   Malika: Alex et moi, nous voulons organiser une sortie pour l'anniversaire de Noémie. On veut faire du camping au centre équestre. Qu'est-ce que tu en dis?
   Maxime: Bonne idée. Est-ce que vous avez déjà parlé à Julie?
   Malika: Oui.
   Maxime: Qu'est-ce qu'elle a dit?
   Malika: Elle trouve ça cool et elle va venir.
   Maxime: Et quand est-ce que vous le dites à Noémie?
   Malika: Nous ne lui disons rien! C'est une surprise.
   Maxime: Ah, maintenant je comprends.
   Malika: Alors tu viens aussi?
   Maxime: Je veux bien, mais je demande d'abord à mes parents.

2. Le lendemain, Malika retrouve Maxime dans la cour du collège. Il écoute de la musique …
   Malika: Alors, tes parents qu'est-ce qu'ils disent?
   Maxime: Pardon, qu'est-ce que tu as dit?
   Malika: Est-ce que tu as parlé à tes parents?
   Maxime: Oui. Ils sont d'accord …
   Malika: Super! Chut, voilà Noémie! On ne dit rien, O.K.?
   Maxime: Reste cool. Tu peux me faire confiance. Je ne dis rien.

→

b Complète les phrases avec les formes du verbe **dire**.

1. Alors, **je** ne .... rien à Noémie?
2. Non, **tu** ne lui .... rien. C'est une surprise.
3. Quand est-ce qu'**on** le .... à Noémie alors? Elle n'a peut-être pas le temps.
4. Alex et moi, nous allons lui parler. **Nous** le .... à Noémie vendredi.
5. **Vous** le .... aussi à ses parents? Et s'**ils** .... non?
6. On leur a déjà demandé. **Ils ont** .... oui.

c Complète les bulles avec les bonnes formes du verbe **dire** au présent ou au passé composé.

6 Lui ou leur? – Das indirekte Objektpronomen

→ G14 → vor SB, Atelier, Ü12

a Regarde les scènes, lis les phrases et observe *(beobachte)*.
Quand est-ce qu'on utilise *(wann verwendet man)* **lui** ou **leur**?

1

La caissière donne le billet de cinéma **à Lina**.
→ La caissière **lui** donne le billet de cinéma.

2

La mère de Lina donne les casquettes **à Lina et Emma**.
→ La mère de Lina **leur** donne les casquettes.

b Complète.

1. Lina montre un texto **à Farid**.

   → Elle .... montre un texto.

*Verwechsle nicht das indirekte **Objekt**pronomen **leur** mit den **Possessiv**pronomen **leur / leurs**.*

2. Emma présente sa copine **à Théo et Lina**. → Elle .... présente sa copine.

7 Qu'est-ce qu'on lui propose?

→ G14 → nach SB, Atelier, Ü12

Complète les dialogues avec **lui** ou **leur**.

Malika a le moral à zéro. Elle a du stress à la maison. Maxime et Julie discutent.

1. *Maxime:* Malika ne rigole plus comme avant. Qu'est-ce qu'on peut faire?

   Julie: On .... propose d'aller au ciné ce week-end?

   Maxime: Oui, bonne idée. Tu .... envoies un texto?

   Julie: D'accord. On demande aussi à Noémie et Alex?

   Maxime: Oui, je .... demande.

2. *Julie:* Malika a répondu. Elle n'a pas envie d'aller au ciné.

   Maxime: Alors qu'est-ce que tu .... réponds?

   Julie: Je .... ai proposé de faire du sport ensemble. Ah, elle a déjà répondu.

   Elle veut faire du vélo.

   Maxime: Mince, Noémie et Alex ont aussi répondu. Ils veulent aller au ciné.

   Qu'est-ce qu'on .... dit maintenant?

   Julie: On .... explique la situation. Ils vont comprendre.

8 On leur raconte tout → G14 → nach SB, Atelier, Ü12

Alex a encore reçu des insultes sur son portable. Il veut parler à madame Girard et aux copains de la classe. Il pose des questions à Maxime. Améliore *(verbessere)* les réponses de Maxime. Utilise **lui** ou **leur**.

1. *Alex:* Qu'est-ce que je dis à madame Girard?
   Maxime: Tu expliques le problème à madame Girard.

   ....

2. *Alex:* Qu'est-ce que je dis aux copains de la classe?
   Maxime: Tu racontes l'histoire aux copains de la classe.

   ....

3. *Alex:* Est-ce que je montre le SMS à madame Girard?
   Maxime: Oui, tu montres le message à madame Girard.

   ....

4. *Alex:* Encore un SMS de Lucas et Enzo. Qu'est-ce que je fais avec le SMS?
   Maxime: Tu ignores le SMS. Tu ne réponds pas à Enzo et Lucas.

   Tu ignores le SMS. ....

9 La fête de Zoé

→ G24.5 → nach SB, Atelier, Ü12

a Trouve les formes du verbe **recevoir**. Puis complète la carte.

B	G	H	L	J	O	M	W	L	H	R
K	X	I	U	I	R	K	Q	I	N	E
H	B	R	E	C	E	V	O	N	S	C
S	R	E	L	P	Ç	L	F	P	Z	E
G	E	Ç	H	K	O	J	S	Q	G	V
D	Ç	O	P	R	I	L	D	F	B	E
P	O	I	Z	F	T	S	G	E	N	Z
O	I	S	R	E	Ç	O	I	S	J	V
L	V	H	E	S	G	H	S	P	G	B
K	E	G	Ç	C	R	G	N	M	D	N
M	N	I	U	V	P	U	O	F	W	D
B	T	Y	X	A	H	L	Y	V	V	F

recevoir

je ....

tu ....

il / elle / on ....

nous ....

vous ....

ils / elles ....

j'ai ....

b Relie les phrases et trouve le mot mystère.

Mot mystère: un m _ _ _ _ _ _

1. J'
2. Ils
3. Nous
4. Tu
5. Vous
6. Hier, il
7. Elle

- envoies souvent des e-mails à tes amis? (s)
- envoyons un texto aux copains? (s)
- envoie une carte postale à ma copine. (m)
- envoyez beaucoup de SMS à vos copains? (a)
- envoie un cadeau à une amie. (e)
- envoient un paquet à leurs copains. (e)
- a envoyé une carte d'anniversaire à son corres. (g)

c Complète le texte avec les bonnes formes des verbes au **présent** ou au **passé composé**.

1. Farid rentre de l'école. Zoé est dans le salon. Elle .... (recevoir) beaucoup de textos.

   Farid: Qui t'.. (envoyer) des SMS?

   Zoé: Ça ne te regarde pas.

   Farid: Mais pourquoi tu ne me .... (parler) pas? Tu es fâchée contre moi?

   Zoé: Mais non …

   Farid: Alors qu'est-ce qu'il y a?

   Zoé: Bon, d'accord. Ce week-end, maman et papa ne sont pas là et je vais organiser une fête.

   Farid: Cool!

2. Un peu plus tard, Farid .... (parler) de la fête à sa mère.

   Farid: Je peux aussi inviter des amis à la fête de Zoé?

   Mère: Quelle[1] fête?

   Farid: Euh, elle n'.............. rien .... (dire)?

3. *Mère:* Zoé!!!

   Farid: Maintenant, je .... (comprendre) …

   ***comprendre** wird genauso konjugiert wie **prendre**.*

   Zoé: Oui, maman?

   Mère: Ton frère .... (parler) d'une fête.

   Zoé: Euh, … j'.............................. seulement .... (inviter) quelques amis.

   Mère: Mais il faut nous demander, Zoé!

   Zoé: Oui … Je suis désolée.

1 quel / quelle welcher / welche / welches

1 Elle raconte que … – Indirekte Rede

→ G20 → vor SB, Atelier, Ü4

a Regarde la scène, lis les phrases et observe *(beobachte)*. Pourquoi est-ce qu'on utilise *(benutzt man)* le discours indirect *(die indirekte Rede)?*

b Lis le dialogue et raconte ce que Lina dit à Théo *(was Lina zu Théo sagt)*. Mets **les trois réponses de Lina** au discours indirect.

Théo: Pourquoi est-ce que Farid ne peut pas venir avec nous?
Lina: **Il a rendez-vous avec Emma.**
Théo: Qu'est-ce qu'ils font?
Lina: **Ils font du vélo.**
Théo: Où est-ce qu'ils vont?
Lina: **Ils vont à Paris-Plages.**
Théo: Cool. On y va aussi? Et on va au skatepark demain?
Lina: Pourquoi pas.

raconter que … **dire que …** **expliquer que …**

Vergiss nicht, die Verben zu konjugieren.

1. ....
2. ....
3. ....

2 Qu'est-ce qu'elles disent?

→ G20 → nach SB, Atelier, Ü4

a Lis les phrases et observe. Qu'est-ce qui change au discours indirect?

b Qu'est-ce qu'elles disent? Lis les bulles et mets les phrases au discours indirect.

Achte besonders auf die Verben und die Pronomen.

Lina raconte ...

Emma explique ...

Lina dit ...

Elle explique ...

Lina dit ...

Elle explique ...

Lina raconte ...

Elle explique ...

3 Tu nous racontes? – Das indirekte Objektpronomen → G14 → vor SB, Atelier, Ü5

a Lis les dialogues et observe: où sont **me / m'**, **te / t'**, **nous** et **vous**?
Wo im Satz befinden sich die indirekten Objektpronomen?

1. Antoine est à l'hôpital. Il a appelé Julien. Maintenant, Julien parle avec les filles du stage de motocross.
   Fille 1: Qu'est-ce qu'Antoine **t'**a raconté?
   Julien: Il **m'**a dit qu'il a le pied cassé.
   Fille 2: Oh non! Tu peux **nous** donner son numéro?
   Julien: Oui, attendez. Je vais chercher mon portable et je **vous** donne son numéro tout de suite.

2. Le soir, les filles chattent avec Antoine.

Alors, Antoine? Les médecins **te** donnent des médicaments?

Oui … et je dois rester ici pour une nuit. Mais demain ils vont **me** donner des béquilles. Alors je peux regarder la compétition. ☺

Cool ☺

b Lis le texte et le chat encore une fois et complète.

Das indirekte Pronomen für die …

1. … erste Person Singular ist ....
2. … erste Person Plural ist ....
3. … zweite Person Singular ist ....
4. … zweite Person Plural ist ....

4 Tu me montres Paris? → G14 → vor SB, Atelier, Ü5

Complète les dialogues avec **me / m'**, **te / t'**, **nous** ou **vous**.

1. Ce week-end, les cousins de Farid vont venir à Paris.

   Farid: On fait quelque chose ensemble samedi? Je veux .... présenter mes cousins.

   Théo: Oui, bonne idée.

   Farid: Super! Rendez-vous vers 15 heures à l'Arc de triomphe?

   Je .... envoie un texto quand nous sommes dans le bus.

   Théo: Oui, ou tu .... téléphones …

→

2. Samedi, Farid et ses cousins retrouvent Théo devant l'Arc de triomphe.

Farid: Alors, on visite Paris?

Théo: On peut .... montrer la tour Eiffel si vous voulez …

Cousin: On a déjà visité la tour Eiffel. Mais vous pouvez .... montrer le stade de France?

Farid: Oui, pourquoi pas.

5 Lina est à l'hôpital → G14 → nach SB, Atelier, Ü5

Complète le dialogue avec **me / m'**, **te / t'**, **lui**, **nous**, **vous** ou **leur**.

1. Farid, Emma et Théo discutent.

Farid: Lina .... a envoyé un texto. Elle a le bras cassé et maintenant elle est à l'hôpital.

Emma: Oui, depuis hier.

Farid: Ah, elle .... a raconté?

Emma: Oui. Elle .... a envoyé une photo. Attendez, je .... montre son plâtre.

Regardez …

Théo: Oh, la pauvre[1]! On .... prépare une surprise?

Farid: Super idée! On .... achète un livre et on va à l'hôpital ensemble?

Emma: Oui, d'accord. Tu as l'adresse?

Farid: Non, mais j'ai le numéro de téléphone de ses parents. Je vais .... demander.

2. Le lendemain devant l'hôpital.

Emma: Excusez-moi, madame. On cherche la chambre 407. Est-ce que vous pouvez ....

montrer le chemin?

Dame: Oui, venez. Je .... montre le chemin sur le plan de l'hôpital.

Farid: Merci beaucoup.

1 **La pauvre!** Die Arme!

6 Nous devons demander à nos parents – Das Verb *devoir* → G24.5 → vor SB, Atelier Ü6

a Lis les textes et surligne *(markiere)* les formes du verbe **devoir**.

1. *Julie:* Je veux faire un stage de surf pendant les vacances. Vous avez envie de venir avec moi?
   Maxime: Super idée. Mais c'est cher. Je dois demander à mes parents.
   Malika: Moi, je ne peux pas. Ma sœur et moi, nous devons rester à la maison parce que ma tante vient chez nous.
   Julie: Et toi, Noémie?
   Noémie: Alex et moi, on doit préparer notre présentation d'anglais …
   Julie: Vous devez préparer une présentation pendant les vacances? Tu rigoles?
   Noémie: Non, c'est hyper difficile. C'est galère!

2. *Julie:* Alors, est-ce que tes parents sont d'accord?
   Maxime: Oui!!
   Julie: Cool! J'ai déjà trouvé un stage de surf à Anglet. J'ai appelé les moniteurs et j'ai dû leur donner mon adresse e-mail. Voilà le numéro. Tu dois appeler et leur dire que tu veux faire un stage. Et tes parents doivent signer un formulaire[1].
   Maxime: D'accord, merci.

b Lis les textes encore une fois. Que signifie *(bedeutet)* le verbe **devoir**?
Quelle est la différence entre *(Unterschied zwischen)* **pouvoir** et **devoir**?

devoir = ... **pouvoir** = ...

c Complète avec les formes du verbe **devoir** et relie.

1. J'ai mal à la jambe. Je .... ○
2. Tu es malade? Alors, tu .... ○
3. Elles vont à la piscine. Elles .... ○
4. Nous voulons prendre le bus. Mais d'abord, nous .... ○
5. Vous avez une interro demain? Alors, vous .... ○
6. Maxime a perdu son portable. Il .... ○

○ rester à la maison. (a)
○ acheter des billets. (b)
○ le dire à ses parents. (c)
○ prendre un rendez-vous chez le médecin. (d)
○ prendre leurs maillots de bain. (e)
○ réviser les maths. (f)

1 **un formulaire** ein Formular

d Complète les dialogues avec les formes du verbe **devoir**.

1. *Julie:* Alors, tu as déjà préparé tes affaires?

   Maxime: Oui, mais je ne trouve pas mon maillot de bain. Je .... faire du shopping demain.

2. *Maxime:* Est-ce que nous .... prendre une tente?

   Julie: Mais non, Maxime. Nous avons des chambres.

3. *Julie:* Est-ce que tes parents vont à la gare avec toi?

   Maxime: Non, ils .... chercher ma sœur à son cours de danse.

4. *Maxime:* A quelle heure est-ce que les moniteurs nous attendent à la gare?

   Julie: Je ne sais pas. Tu .... regarder le programme.

7 Viens avec nous! – Unverbundene Personalpronomen

→ G13 → nach SB, Atelier, Ü8

a Regarde la scène, lis les phrases et observe.
Quand est-ce qu'on utilise les pronoms toniques *(unverbundene Personalpronomen)*?

b Complète les dialogues avec **moi**, **toi**, **lui / elle**, **nous**, **vous** ou **eux**.

1. *Lina:* Qu'est-ce que tu fais?

   Emma: Je chatte avec Théo et Farid. Je vais à la crêperie avec .... demain.

   Lina: Cool!

   Emma: Tu veux venir avec ....?

   Lina: Je ne peux pas. Une copine veut regarder un film avec .... et demain je vais au ciné avec ....

→

2. *Farid:* Allô! Tu es où?

Lina: ....? Dans le bus. Et ....?

Farid: A la maison. Est-ce que Théo est avec ....?

Lina: Non, il est à la piscine. Pourquoi?

Farid: Mince! J'ai rendez-vous avec .... et Emma devant la crêperie dans une heure et je ne peux pas venir.

Lina: Ah, je comprends. Emma est avec .... Tu veux parler avec ....?

Farid: Oui, merci.

8 Une chute à vélo → nach SB, Atelier, Ü11

a Relie les pronoms personnels aux formes du verbe **découvrir** et trouve le mot mystère.

1. je	découvres (e)
2. tu	découvrons (t)
3. il / elle / on	découvrent (r)
4. nous	découvre (n)
5. vous	découvre (v)
6. ils / elles	découvert (e)
7. on a	découvrez (u)

Mot mystère:

une **a** _ _ _ _ _ _ _

Achte auf die unregelmäßigen Verben und auf die Besonderheiten der Verben auf ***-er****.*

b Complète le texte avec les bonnes formes des verbes au **présent**.

1. Aujourd'hui, Lina et Emma veulent faire une balade à vélo.

Mère de Lina: Eh, les filles! Attendez! Vous .... mettre vos casques. **devoir**

Lina: Mais oui, maman, on sait[1]!

Emma et Lina .... leurs casques et .... sur leurs vélos. **mettre** **monter**

2. Sur le chemin, Emma .... que son vélo a un problème. **découvrir**

Elle n'.................................. pas à freiner et son vélo .... **arriver** **accélérer**

Lina: Fais attention, Emma! Tu .... trop vite. **rouler**

Emma: Oui, j'.................................. de freiner, mais … **essayer**

Emma .... l'équilibre et .... **perdre** **tomber**

Emma: Aïe!

Lina: C'est grave? Tu .... marcher? **pouvoir**

Emma .... son casque. **enlever**

Emma: J'ai un peu mal au bras, mais ça va.

Lina: Ouf! Mais il faut contrôler ton vélo. Et tu .... prendre **devoir**

un rendez-vous chez le médecin.

Lina .... son portable. Elle .... le numéro **prendre** **trouver**

d'un médecin sur Internet.

3. Cinq minutes plus tard …

Lina: Tu as rendez-vous chez le médecin dans une heure.

Emma: Merci. Mais qu'est-ce que je .... avec mon vélo? **faire**

Lina: Ben, on .... nos vélos. Ce n'est pas loin. **pousser**

---

1 **on sait** wir wissen

1 Tu es allée où? – Das passé composé mit *être* → G9.2 → vor SB, Atelier, Ü4

a Lina et Emma ont passé le week-end chez un copain de Lina à Bordeaux.
Lis le chat entre Théo et Emma et explique les terminaisons *(Endungen)* des participes passés.

Salut, Emma. Tu es déjà rentrée de Bordeaux?

Coucou! Oui. Lina et moi, nous sommes arrivées hier.

Alors, c'était comment?

Super! Le copain de Lina est cool. On a fait plein de choses ensemble. Nous sommes allés à la piscine, nous avons visité Bordeaux … Je te montre des photos demain. Et toi? Est-ce que tu es allé à la fête du club de foot?

Oui, avec Farid. Mais c'était nul. On est rentrés très tôt.

b Qu'est-ce qu'ils ont fait? Complète avec les terminaisons.

1

Nous sommes all.......... à Bordeaux.

2

Je suis all.......... à la fête du club de foot avec Théo.

3

Je suis rentr.......... hier.

4

Nous sommes rentr.......... tôt.

5

Hier soir, nous sommes all.......... à la pizzeria.

2 Un séjour à Hambourg → G9.2 → nach SB, Atelier, Ü5

Lina est chez sa corres en Allemagne. Complète son journal intime *(Tagebuch)* avec les verbes au **passé composé** avec **être**.

C'est super ici, chez Anna. Hier, les copains de la classe et moi, nous .... (arriver) à Hambourg à 19h. Anna .... (venir) me chercher à la gare et nous .... (aller) chez elle. Aujourd'hui, un copain d'Anna .... (venir) et nous .... (aller) à l'arrêt de bus pour aller au centre-ville. Mais Anna a oublié son sac. Alors elle .... (retourner) à la maison. Quand elle .... (revenir), nous .... (monter) dans le bus tous ensemble. Nous avons visité l'Eglise Saint-Michel de Hambourg et nous .... (monter) dans la tour. Les Allemands appellent l'église «Der Michel» ... Drôle de nom pour une église. Après, Anna et moi, nous .... (rentrer) chez elle. Je suis crevée, mais on a passé une super journée. Et maintenant il faut dormir ...

3 Etre ou avoir? → G9 → nach SB, Atelier, Ü5

a Quand est-ce que tu utilises **être** ou **avoir** pour former le **passé composé**?
Surligne les verbes en jaune (passé composé avec **être**) et en **vert** (passé composé avec **avoir**).

aller	perdre	envoyer	changer	comprendre	tomber	retourner	
attendre	entrer	rester	être	enlever	arriver	monter	chatter

b Complète le dialogue avec les verbes au **passé composé**.

1. Lina a perdu son portable. Elle rencontre Farid devant la cantine.

Farid: Tu .... (trouver) ton portable?

Lina: Non! Mes parents vont être fâchés.

Farid: Où est-ce que tu .... (chercher)?

Lina: D'abord, je .... (aller) à la cantine. Pas de portable …

Puis, Emma .... (venir) et on .... (chercher) ensemble.

Nous .... (aller) au gymnase, mais nous n'.................... rien .... (trouver). Après, nous .... (demander) aux surveillants.

Ils .... (aller) au CDI avec nous. Toujours pas de portable …

Farid: Tu .... peut-être .... (perdre) ton portable sur le chemin?

Lina: Non, quand je .... (arriver) au collège, j'.................... (envoyer) un texto à Emma.

2. Théo arrive.

Théo: Lina! J'.................... (trouver) ton portable!

Lina: Ce n'est pas vrai! Où?

Théo: Euh … Quand je .... (monter) sur mon vélo, quelque chose .... (sonner) et j'.................... (regarder) dans mon sac.

Peut-être que je n'.......... pas .... (faire) attention après la récré et …

Lina: Tu rigoles? J'.................... (chercher) partout!!!

Théo: Je suis désolé!

4 On sort ce soir? – Die Verben *sortir* und *partir*

→ G7, G24.3 → nach SB, Atelier, Ü6

a Surligne les formes des verbes **sortir** et **partir** dans le texte.

1. *Noémie:* Qu'est-ce que tu fais pendant les vacances?
Alex: Je vais faire un voyage avec la compagnie de danse. On va à Avignon.
Noémie: Cool. Vous partez quand?
Alex: Nous partons demain.
Noémie: Alors, on sort ce soir?
Alex: Non, je ne sors pas ce soir. Je dois faire mes valises. Demande à Maxime et Julie. Ils sortent ensemble ce soir.

2. Le soir, Noémie appelle Julie.
Noémie: Salut Julie. Tu sors avec Maxime ce soir?
Julie: Oui, on va au ciné. Tu veux venir avec nous?
Noémie: Oui, à quelle heure?
Julie: Attends … je demande à Maxime. Il est encore à la piscine.

3. 5 minutes plus tard.
Julie: Noémie? Maxime est déjà sorti de la piscine et il est dans le bus maintenant. Rendez-vous dans une heure devant le cinéma?
Noémie: D'accord.

b Complète les phrases avec les formes des verbes **partir** et **sortir**.

__partir__ und __sortir__ werden genau gleich konjugiert. Im Text findest du für jede Person nur eine Verbform (entweder __sortir__ oder __partir__). Für die Sätze in __b__ brauchst du aber jeweils die andere. Überlege, wie sie heißen muss.

1. Je .... (partir) en vacances avec mes parents.
2. Tu .... (partir) quand?
3. On .... (partir) demain matin.
4. Alors, nous .... (sortir) quand tu reviens?
5. Oui, et toi et les copains, vous .... (sortir) sans moi.
6. Non, Alex est .... (partir) en vacances hier et les autres .... (partir) aujourd'hui.

Für jeden Dialog brauchst du jeweils nur ein Verb. Lies dir die Dialoge deshalb zuerst durch.

c Complète les mini-dialogues avec les formes des verbes **partir** et **sortir**.

1. *Farid:* Tu .... ce soir?
Lina: Je ne sais pas. Emma n'a pas le temps et Théo .... avec un copain.
Farid: On peut .... ensemble si tu veux. Moi, j'ai envie d'aller au ciné.
Lina: Oui, d'accord.

2. *Lina:* Nous .... de la maison à quelle heure?
Farid: Le bus .... à 17h30. Alors rendez-vous à l'arrêt de bus à 17h25?
Lina: D'accord.

3. *Zoé:* Mince! Farid! Tu .... de la douche, s'il te plaît! Tu sais bien que je .... ce soir et il est déjà 17h15!

Farid: Mais moi aussi je ....!

Et je ne suis pas encore prêt.

4. *Mère de Farid:* Le bus .... à quelle heure?

Farid: Lina et moi, on .... à 17h30.

Zoé: Et moi, je .... à 17h45.

Mère: Bonne soirée!

5 Un e-mail de Farid

→ G9, G24 → nach SB, Atelier, Ü7

a Cherche sept formes du verbe **voir** dans la grille et complète la carte.

J	P	S	B	P	I	E	O
V	U	L	N	V	D	B	L
O	O	C	V	O	I	S	G
I	S	V	O	Y	O	N	S
T	D	Y	I	E	N	Q	X
X	R	V	S	Z	P	U	P
L	T	S	N	R	L	W	V
M	G	V	O	I	E	N	T

voir

je ....

tu ....

il / elle / on ....

nous ....

vous ....

ils / elles ....

j'ai ....

b Complète les mots croisées avec les formes du verbe **dormir**.

dormir *wird genauso konjugiert wie* ***partir*** *und* ***sortir****.*

c Complète l'e-mail de Farid à Lina avec les verbes au **passé composé**.

- ***apprendre*** *wird genauso konjugiert wie* ***prendre****.*
- *Achte auf das richtige Hilfsverb* ***avoir*** *oder* ***être****.*

e-mail

Salut Lina,

Qu'est que tu .... (faire) pendant les vacances? Tu .... (partir) avec tes parents? Moi, j'.................................... (passer) un super week-end avec mon club de foot. A la gare, les moniteurs nous .... (donner) nos billets. Nous .... (attendre) le train pendant une heure. A 13 heures, nous .... enfin .... (monter) dans le train et l'aventure .... (commencer) . A 19 heures, nous .... (arriver) au camping. J'.................................... (dormir) dans une tente avec deux copains. Samedi, nous .... (aller) au parc naturel et on .... (voir) plein d'animaux. J'............ beaucoup .... (apprendre) sur la nature. Dimanche, on .... (faire) un grand pique-nique. Quand je .... (revenir) , ma mère .... (venir) me chercher à la gare. Maintenant je suis à la maison, mais je n'arrive pas à dormir. Et toi? Tu dors déjà?

A +
Farid

6 Tu veux du jus d'orange? – Unbestimmte Mengenangaben

→ G22

→ vor SB, Atelier, Ü8

a Lis les phrases et observe. Quand est-ce qu'on utilise **du**, **de l'**, **de la** et **des**?

b Complète.

1. .... coca
2. .... glace
3. .... eau gazeuse
4. .... chips

7 Un petit-déjeuner entre copains → G22 → nach SB, Atelier, Ü8

a Emma est chez Lina. Elles prennent le petit-déjeuner ensemble. Complète le dialogue.

Lina: Qu'est-ce que tu veux manger? ....  avec

....  ou ....  ?

Emma: ....  avec ....  , s'il te plaît.

Lina: D'accord. Tu prends ....  ou ....  ?

Emma: Euh, je peux avoir ....  ?

Lina: Oui, attends …

b Ton copain français est chez toi. Vous prenez le petit-déjeuner ensemble. Pose des questions.

1. Du fragst, ob dein Freund Müsli mit Milch möchte.

....

2. Dein Freund möchte lieber Brot. Du fragst, ob er Marmelade oder Butter möchte.

....

3. Dein Freund möchte Butter. Du fragst, ob er Wasser oder Milch trinken möchte.

....

4. Er möchte Milch mit Kakao. Du fragst, ob er noch Brot möchte.

....

5. Er möchte kein Brot mehr. Du bist aber noch nicht satt und fragst, ob er dir die Marmelade geben kann.

....

....

Et toi? Qu'est-ce que tu prends au petit-déjeuner?

....

....

....

....

....

1 Tu connais ce chanteur? – Die Demonstrativbegleiter

→ G3 → vor SB, Atelier, Ü4

a Regarde les scènes, lis et observe *(beobachte)*. Pourquoi **ce**, **cet**, **cette** ou **ces**?

b Complète les dialogues avec **ce**, **cet**, **cette** ou **ces**.

1. *Lina:* On fait du shopping ensemble .... après-midi?

   Emma: Oui, bonne idée. Et .... soir, on mange ensemble?

   Lina: Pourquoi pas. Il y a une nouvelle pizzeria près du collège. Tu connais .... restaurant?

   Emma: Non, mais j'adore les pizzas!

2. L'après-midi, au centre-ville …

   Lina: Comment est-ce que tu trouves .... t-shirt?

   Emma: Bof … Je trouve .... couleur moche. Mais regarde .... sweat-shirt.

   Lina: Oui, il est super. Ça me va?

   Emma: Oui, ça te va très bien!

→

3. *Lina:* J'aime bien .... baskets.

Emma: Oui, elles sont cool. Mais je préfère .... chaussures noires.

Alors, qu'est-ce que tu prends?

Lina: .... sweat-shirt et .... chaussures.

4. Le soir, au restaurant.

Emma: L'addition, s'il vous plaît.

Lina: Je t'invite, ... soir.

Emma: Mais non, tu as déjà payé la dernière fois. .... fois, c'est moi qui paie[1].

2 Tu la connais? – Das direkte Objektpronomen → G15 → nach SB, Atelier, Ü5

a Lis le dialogue et observe *(beobachte)*: quand est-ce qu'on utilise **le**, **la**, **l'** et **les**? Pourquoi est-ce qu'on utilise ces pronoms?

Lina: Tu as vu Farid? Je **le** cherche partout …
Emma: Non, désolée. Qu'est-ce que vous faites aujourd'hui?
Lina: Il veut me présenter sa copine. Tu **la** connais?
Emma: Ah bon, il a une copine? Non, je ne **la** connais pas.
Lina: Oui, depuis une semaine. Bon, je vais **l'**appeler …
Emma: Regarde là-bas, ils arrivent.
Lina: Ah oui, je **les** vois! Ouh, ouh, Farid!

b Complète le dialogue avec **le**, **la**, **l'** ou **les**.

Lundi matin, c'est le stress à la maison.

Farid: Mince! Maman, tu as vu mes clés? Je ne .... trouve pas.

Mère: Regarde sur la table.

Farid: Sur la table, il y a seulement le portable de Zoé.

Zoé: Quoi? Mon portable? Je .... cherche partout! Et où est ma robe bleue?

Je veux .... mettre aujourd'hui!

Farid: Pourquoi est-ce que tu me demandes ça? Je ne .... ai pas.

Zoé: Ce n'est pas vrai! Je .... mets toujours ici …

Mère: Mais regarde! Elle est là! Tu .... vois sur la chaise?

Zoé: Merci, maman.

Mère: Farid, tes clés sont sur l'étagère. Tu .... poses toujours n'importe où[2].

1 C'est moi qui paie bezahle ich *(zur Betonung)* **2 n'importe où** wo auch immer

3 Au restaurant

→ G15 → nach SB, Atelier, Ü6

Aujourd'hui, Julie aide sa mère et son copain au restaurant.
Améliore *(verbessere)* les réponses de Julie. Utilise **le**, **la**, **l'** ou **les**.

1. *Client:* Est-ce que nous pouvons regarder la carte?
   Julie: Un instant, s'il vous plaît. J'apporte la carte tout de suite.

   ....

2. *Client:* Mademoiselle, est-ce que nos plats sont prêts?
   Julie: Oui, j'apporte vos plats dans une minute.

   ....

3. *Client:* Est-ce qu'il y a des oignons dans la salade?
   Julie: Oui, on prépare la salade avec des oignons.

   ....

4. *Client:* Est-ce que cette table est libre?
   Julie: Oui, je débarrasse cette table tout de suite.

   ....

5. *Mme Moretti:* Julie, on a encore une table pour monsieur Bonnard?
   Julie: Oui, on peut placer monsieur Bonnard à la table 4.

   ....

4 Lina le lui explique

→ G14, G15 → nach SB, Atelier, Ü6

Lina et Emma sont au téléphone. Complète les phrases avec **me**, **te**, **lui** ▲ ou **le**, **la**, **l'** ou **les** ■.

Emma: Qu'est-ce que tu as acheté pour l'anniversaire de Farid?

Lina: Une casquette et un t-shirt.

Emma: Tu ▲ .... ■ .... montres demain?

*Wenn es zwei Objektpronomen in einem Satz gibt, stehen die indirekten Objektpronomen **me / te / nous / vous** vor den direkten Objektpronomen **le / la / l' / les**. Die indirekten Objektpronomen **lui** und **leur** stehen nach **le / la / l' / les**.*

→

Lina: Attends, j'ai fait une photo. Je ▲ .... ■ .... envoie tout de suite.

Emma: D'accord.

Lina: Et toi, est-ce que tu as déjà acheté la BD de Titeuf pour lui?

Emma: Non, mais je vais ■ .... ▲ .... acheter demain soir.

Lina: Mais demain, c'est déjà son anniversaire.

Emma: Mince, tu as raison! Alors je lui achète un CD ce soir et je ■ .... ▲ .... donne demain.

5 Qu'est-ce qu'ils lisent? – Die Verben *lire* und *écrire* → G24 → nach SB, Atelier, Ü10

a Lis le texte et surligne *(markiere)* les formes des verbes **lire** et **écrire**.
Puis, complète les cartes des verbes.

Maxime: Qu'est-ce que tu lis?
Antoine: Je lis des annonces parce que je cherche un job pour les vacances d'été.
Maxime: Ah bon? Tu ne pars pas avec nous en Corse cet été?
Antoine: Non, j'aimerais faire un stage de kitesurf avec Julien mais c'est super cher. J'ai lu le programme et c'est vraiment génial. Nous écrivons un e-mail aux moniteurs demain.
Maxime: Et tu cherches quoi comme job?
Antoine: Peut-être que je peux travailler dans un cinéma. J'ai déjà écrit un e-mail, mais ils n'ont pas encore répondu.
Maxime: Reste cool. Noémie cherche aussi un job depuis un mois. Elle lit beaucoup d'annonces et écrit des e-mails. Hier, elle a reçu une réponse. Il faut attendre un peu …

Un peu plus tard …
Antoine: Maxime, viens! J'ai reçu une réponse du cinéma. Ils me demandent de passer demain pour un entretien. Ils écrivent qu'ils cherchent quelqu'un pour trois semaines.
Maxime: C'est cool!
Mme Legrand entre dans la chambre d'Antoine …
Mme Legrand: Vous lisez toujours des annonces?
Antoine: Non, nous lisons un e-mail du cinéma. J'ai un entretien demain!
Mme Legrand: Super!

Le lendemain …
Maxime: Eh, Antoine, tu es prêt? Bonne chance!
Antoine: Merci, je t'écris un texto après l'entretien.

→

lire
je ....
tu ....
il / elle / on ....
nous ....
vous ....
ils / elles ....
j'ai ....

écrire
j' ....
tu ....
il / elle / on ....
nous ....
vous ....
ils / elles ....
j'ai ....

Die meisten der Verbformen findest du im Text. Kannst du dir die restlichen Formen selbst erschließen? Falls du Hilfe brauchst, schau im Schülerbuch auf Seite 157 nach.

b Complète les dialogues avec les formes des verbes **lire** ou **écrire**.

1. *Maxime:* Tu as .... l'e-mail de Julie?
Noémie: Non, elle l'a .... quand?
Maxime: Ce matin.
Noémie: Qu'est-ce qu'elle a ....?
Maxime: Elle dit qu'elle arrive demain à Paris.
Noémie: Cool! On va la chercher?
Maxime: Oui, je lui .... un texto.

2. Vendredi soir, devant le restaurant.
Noémie: Julie, regarde cette affiche. Il y a un concert de Louane ce soir.
Maxime: Eh, les filles. On entre?
Julie: Attends, nous .... une affiche!
Maxime: Maintenant? .... l'affiche après! J'ai faim, moi!
Julie: Oh, c'est le stress avec toi!

6 Une surprise pour Malika! → G24 → nach SB, Atelier, Ü10

a Relie les phrases.

1. On lui
2. Qu'est-ce que tu
3. Je
4. Qu'est-ce que vous
5. Nous
6. Les copains
7. Et ses parents lui ont

- offert une tente. (a)
- lui offre un DVD. (b)
- lui offrons un billet de cinéma. (c)
- lui offres? (d)
- offre un gâteau au chocolat? (e)
- lui offrez? (f)
- lui offrent beaucoup de cadeaux. (g)

→

b Complète les cartes des verbes **ouvrir** et **choisir**.

*Das Verb **ouvrir** wird genauso konjugiert wie **offrir**. Schau dir noch einmal die Formen von **offrir** in Aufgabe a an. In dieser Lektion hast du auch das Verb **finir** kennengelernt. Es wird genauso konjugiert wie **choisir**.*

ouvrir
j'............
tu ....
il / elle / on ....
nous ....
vous ....
ils / elles ....
j'ai ....

choisir
je choi.....is
tu choi.....is
il / elle / on choi.....it
nous choisi.....ons
vous choisi.....ez
ils / elles choisi.....ent
j'ai choi.....i

c Complète le texte et les dialogues avec les verbes.

1. Aujourd'hui, Malika .... **fêter** son anniversaire avec ses copains. Deux copines lui .... **offrir** un CD et un autre copain lui .... **offrir** un bracelet. Trois copains ont .... **écrire** des cartes d'anniversaire. Mais Maxime, Noémie et Alex ne lui donnent rien. Malika .... **trouver** ça un peu bizarre.
2. Plus tard, les copains .... **manger** ensemble.
   Malika: Alors, comme entrée, il y a une salade de tomates et comme plat principal, je vous .... **servir** des steaks avec des pommes de terre. Et comme dessert, il y a de la crème brûlée ou une boule de glace. Vous .... **choisir**.
   Maxime: Waouh, quel menu![1]

   ***servir** wird genauso konjugiert wie **partir** und **sortir**.*
3. Tout à coup, on .... **sonner** à la porte. Malika .... **ouvrir**.
   Julie: Joyeux anniversaire!
   Malika: Ouah, Julie! J'hallucine! Eh, regardez, Julie .... **être** là.
   Maxime: Super surprise, non? Et voilà notre cadeau. Nous avons .... **attendre** Julie.
   Malika: Merci! Je l' .... **ouvrir** tout de suite.
4. Malika .... **placer** Julie à côté de Noémie. Elle .... **ajouter** un couvert pour Julie.
   Malika: Et maintenant … Bon appétit!!

1 **Quel menu!** Was für ein Menü!

1 Tout le monde vient à la fête – tout le … / toute la … → G4 → vor SB, Atelier, Ü1

a Lis le texte et observe. Pourquoi **tout le**, **toute la**, **tous les** ou **toutes les**?

Emma: Maman, est-ce que je peux sortir ce soir? Une copine du collège fait une fête et **tout le monde** va être là.
Mère: Tu es déjà sortie hier. Tu ne peux pas sortir **tous les soirs**.
Emma: Mais maman! **Toutes les filles** de la classe viennent. Et je ne vais pas rester **toute la nuit**!
Mère: Bon, mais demain, tu restes à la maison.

b Complète.

.... jours .... week-end

.... semaine .... vacances

2 Qu'est-ce que tu fais toute la journée? → G4 → nach SB, Atelier, Ü1

a Entoure la bonne forme. *(Kreise die richtige Form ein.)*

Mère de Farid: Eh, Farid, tu ne peux pas regarder la télé **toute la / tout le** journée!
Farid: Mais pourquoi? J'ai déjà fait **tous les / tout le** devoirs pour demain.
Mère: Et est-ce que tu as lu **tous les / toutes les** livres pour le collège?
Farid: Oui.
Mère: Tu ne veux pas faire quelque chose avec tes amis?
Farid: Non, ils font du shopping **toutes les / tout l'**après-midi et je n'aime pas ça.
Mère: Ah, j'ai une idée! Tu as mangé **tous les / toutes les** gaufres, alors tu peux faire les courses avec moi.
Farid: Oh non …

*Vor Vokal und stummem **h** wird **le** und **la** zu **l'**: **tout l'argent***

b Complète la carte postale avec **tout le, toute la, tous les** ou **toutes les**.

Salut Lina,
Je suis en colo avec deux copines. .... matins, on prend le petit-déjeuner ensemble et après, le programme commence. On peut faire, ... sports qu'on veut ici, c'est fou! Hier, j'ai joué au foot, ... journée avec .... filles de la colo. Mais bien sûr, il y a aussi des garçons super sympas ici. ☺ On sort .... soirs ensemble. J'adore ça. Et toi? Qu'est-ce que tu fais sans moi, ... semaine?
Bises,
Emma

Ecris ta phrase préférée avec **tout le, toute la, tous les** ou **toutes les**.

....

....

3 Quel film est-ce qu'on regarde? – Die Frage mit quel / quelle

→ G19
→ vor SB, Atelier, Ü5

a Lis le dialogue et observe. Pourquoi **quel**, **quelle**, **quels** ou **quelles**?

Emma a invité quelques amis à une soirée film. Lina et Emma discutent.
Lina: Alors, à **quelle heure** est-ce que la soirée film commence?
Emma: A 17h30.
Lina: D'accord. **Quel film** est-ce qu'on regarde?
Emma: J'ai un nouveau film avec Jamel Debbouze.
Lina: Cool, j'aime ses films! Est-ce qu'on va manger ensemble?
Emma: On peut préparer une ratatouille.
Lina: O.K. Et tu vas acheter **quelles boissons**?
Emma: De la limonade et du coca.
Lina: C'est tout? On peut aussi préparer des smoothies. Je vais t'aider!
Emma: Super idée! **Quels fruits** est-ce qu'on achète?
Lina: Des bananes et des abricots? C'est délicieux.
Emma: Super.

b Complète les dialogues avec **quel**, **quelle**, **quels** ou **quelles**.

1. *Emma:* Tu viens au supermarché avec moi? Je dois faire les courses pour la soirée film.

   Lina: Oui. A .... heure est-ce qu'on part?

   Emma: Euh, vers 16h?

   Lina: Ok. On prend .... bus?

   Emma: On peut prendre le bus de 16h15.

→

2. *Lina:* .... bonbons est-ce qu'on achète?

   Emma: J'aime bien les bonbons à la fraise.

   Lina: Et .... boissons est-ce qu'il faut acheter?

   Emma: J'ai déjà la limonade et le coca. On doit seulement acheter les fruits pour les smoothies.

3. *Lina:* Regarde, là-bas il y a des bananes.

   Emma: Oui, mais …

   Lina: .... est le problème?

   Emma: Il n'y a pas de prix.

   Lina: Alors on demande à la caissière.

4. *Lina:* Excusez-moi, madame, ... est le prix de ces bananes?

   Caissière: 2 euros pour 5 bananes.

   Lina: D'accord, merci.

4 On va à Rungis → G19 → nach SB, Atelier, Ü5

Pendant un échange scolaire, tu vas visiter Rungis avec ta classe.
Tu poses des questions à ton / ta prof de français.

Orientiere dich nicht am Deutschen, sondern überlege, ob das französische Nomen männlich oder weiblich ist.

Du fragst deinen Lehrer / deine Lehrerin …

1. … welche Hallen ihr besichtigen werdet.

   ....

2. … um wie viel Uhr die Besichtigung beginnt.

   ....

3. … welche Produkte man findet.

   ....

4. … welche Unternehmen es in Rungis gibt.

   ....

5 Elle n'a jamais visité Paris? – Die Verneinung → G12 → vor SB, Atelier, Ü6

a Tu connais déjà la négation avec **ne … pas**, **ne … plus** et **ne … rien**.
Lis le dialogue et observe: Que signifie *(was bedeutet)* **ne … jamais**?

Lina: Qu'est-ce que tu fais ce week-end?
Emma: Je vais au parc avec Théo. On va faire de la slackline.
Lina: Ah bon? Je **n**'ai **jamais** fait de slackline. J'ai envie d'essayer.
Emma: Ben, tu viens avec nous alors!
Lina: Samedi, je ne peux pas. Une copine d'Allemagne vient chez moi et elle **n**'a **jamais** visité Paris. Je vais lui montrer la ville.
Emma: O.K. Alors lundi ou mardi?
Lina: Lundi, j'ai rendez-vous avec un copain et mardi, j'ai un cours de danse.
Emma: Tu **n**'as **jamais** le temps ou quoi?

b Qu'est-ce qu'ils n'ont jamais fait? Fais des phrases avec **ne / n' … jamais**.

1. Les copains ont envie de visiter Nice. **aller sur la Côte d'Azur**

Ils ……………………………………………………………………………………

2. Vous venez avec moi à la nouvelle pizzeria? **manger dans ce restaurant**

Je ……………………………………………………………………………………

3. Nous voulons aller dans l'ouest de la France. **visiter Nantes**

Nous ……………………………………………………………………………………

4. J'ai envie de faire du camping cet été. **dormir dans une tente**

Je ……………………………………………………………………………………

Et toi? Qu'est-ce que tu n'as jamais fait? Ecris trois phrases.

……………………………………………………………………………………

……………………………………………………………………………………

6 Mathis n'est pas là? → G12 → nach SB, Atelier, Ü6

Complète les dialogues avec:

ne / n' … pas | ne / n' … plus | ne / n'… pas encore | ne / n' … rien | ne / n' … jamais

1. *Tamara:* Est-ce que Mathis a un problème? Je .... l'ai .... vu comme ça.

   Il .... rigole .... avec nous comme avant et il pose tout le temps des questions

   bizarres sur le foie gras.

   Zoé: Ah bon, je .... ai .... remarqué.

   Tamara: Tu .... as .... vu comment il m'a regardé ce matin?

   Zoé: Euh, non. Je .... ai .... fait attention.

   Tamara: En tout cas, c'est bizarre. Il faut lui parler.

2. *Tamara:* Adam, tu as vu Mathis?

   Adam: Oui. Il est allé au «Saint Hubert», mais il .... est .... revenu.

   Zoé: Quand est-ce qu'il revient?

   Adam: Euh, je .... sais .... Il .... a .... dit.

   Zoé: D'accord. Alors j'attends ici.

7 Qui ou où? – Der Relativsatz mit qui und où

→ G21 → nach SB, Atelier, Ü7

a Lis le chat entre Julie et Maxime et observe: quand est-ce qu'on utilise **qui** ou **où**?

Alors, qu'est-ce que tes parents ont dit? Tu peux venir à Avignon ce week-end?

Oui! Je viens. ☺

Cool! Alors, je demande aussi à une copine si elle a le temps. On peut sortir ensemble samedi.

Ah, c'est la fille **qui** vient de Toulouse?

Oui, elle est super sympa. ☺ Quand est-ce que tu arrives?

J'ai trouvé un train sur Internet **qui** part à 15h. Alors j'arrive à Avignon à 18h. Et qu'est-ce qu'on fait le soir?

Je connais un café **où** il y a parfois des concerts. Attends, je regarde sur Internet.

b Complète les phrases avec **qui** ou **où**.

1. Avignon est une ville .... est dans le sud de la France.
2. Avignon est la ville .... Julie habite.

c Complète l'e-mail de Maxime à son cousin Julien avec **qui** ou **où**.

e-mail

Salut Julien,

Devine[1] où je suis … Je suis à Avignon. Je passe le week-end chez ma copine, Julie.

Hier soir, on a mangé chez la mère de Julie et son copain .... ont ouvert un restaurant à Avignon. Après, on est sortis avec une fille .... est dans la classe de Julie. Elle est vraiment sympa. On est allés à un concert .... on a rencontré deux autres copains de Julie .... ont fait la fête avec nous. Aujourd'hui, on va au festival de théâtre .... on a rendez-vous avec les autres. Ça va être génial! Et toi, qu'est-ce que tu fais?

A+
Maxime

1 **deviner** raten

8 Un marché est un endroit où … → G21 → nach SB, Atelier, Ü7

a Complète les définitions.

1. Un *marché* .... est un endroit *où* .... on vend des légumes et des fruits.
2. Les .... sont les personnes .... achètent des produits.
3. .... est un marché .... est à 7 km de Paris.
4. Un .... est quelqu'un .... apporte la marchandise au marché.

b Relie les deux phrases. Utilise **qui** ou **où**.

1. Adam est un employé. Il travaille pour Mathis.

   Adam est un employé qui travaille pour Mathis. ....

2. Mathis et Adam travaillent à Rungis. A Rungis, la journée de travail commence à minuit.

   ....

   ....

3. Gérard est un client. Il négocie avec Mathis.

   ....

4. Mathis aime aller au café «Le Saint Hubert». Au café «Le Saint Hubert», il discute avec ses collègues.

   ....

   ....

9 Tu m'entends? – Die Verben *entendre* und *voir*

→ G24 → nach SB, Atelier, Ü8

a Tu connais déjà le verbe **attendre**. Complète la carte avec les formes du verbe.
Puis complète la carte du verbe **entendre**.

attendre
j' ....
tu ....
il / elle / on ....
nous ....
vous ....
ils / elles ....
j'ai ....

entendre
j' ....
tu ....
il / elle / on ....
nous ....
vous ....
ils / elles ....
j'ai ....

***entendre** wird genauso konjugiert wie **attendre**.*

b Regarde les scènes et lis les bulles. Traduis les phrases en allemand.
Que signifient *(was bedeuten)* **voir** et **regarder**? Que signifient **écouter** et **entendre**?

1. *Alex:* ....

....

2. *Julie:* ....

Maxime: ....

voir:	entendre: ....
regarder:	écouter: ....

→

c Complète les dialogues avec **écouter**, **entendre**, **voir** ou **regarder**.

1. *Antoine:* Je veux .... un film. Tu as .... ma tablette? Je ne la trouve pas.

   Mère: .... dans la chambre de Maxime. J'ai .... une tablette sur son bureau hier.

2. Antoine est dans la chambre de Maxime.

   Mère: Tu as ta tablette?

   Antoine: Non, je cherche partout, mais je ne la .... pas. J'appelle Maxime.

3. Maxime est chez Noémie. Ils .... de la musique. Le portable de Maxime sonne.

   Antoine: Allô, Maxime? Je cherche ma tablette.

   Maxime: Antoine? Je n'.................................. rien. Il y a trop de bruit ici. Attends …

   Maxime arrête la musique.

   Antoine: Tu m'.................................. maintenant?

   Maxime: Oui. Qu'est-ce qu'il y a? Je t'...................................

   Antoine: Ma tablette, elle est où?

   Maxime: Euh, ben … elle est ici. Noémie et moi, nous .... de la musique sur ta tablette.

   Antoine: Mince!

Ecris une phrase avec le verbe …

1. regarder: ....

   ....

2. voir: ....

   ....

3. écouter: ....

   ....

4. entendre: ....

   ....

10 Une fête au restaurant «Le Zinzolin»

→ G24 → nach SB, Atelier, Ü8

Complète le texte avec les verbes au **présent** ou au **passé composé**.

Mme Moretti et son copain Philippe Roussel .... (organiser) une fête pour une entreprise dans leur restaurant. Ils .... (aller) au marché, ... (négocier) avec les vendeurs, ... (faire) leur choix et .... (remplir) leur voiture.

Mais quand ils .... (décharger) la voiture et .... (vérifier) les cartons et les sacs, c'est la panique.

Il .... (manquer) un carton de légumes.

Mme Moretti: Qu'est-ce qu'on .... (faire) maintenant?

La fête .... (commencer) dans trois heures. Et il faut préparer les plats.

M. Roussel: Euh, moi, je .... (retourner) au marché et toi, tu .... (appeler) Julie. Peut-être qu'elle .... (pouvoir) nous aider aujourd'hui?

Mme Moretti: Je ne sais pas. Elle .... (avoir) rendez-vous avec une copine …

M. Roussel: Bon, j'.................................... (appeler) Romain.

Mme Moretti: Merci!

> ***remplir*** *wird genauso konjugiert wie* ***finir*** *und* ***choisir****.*

In Band 3 hast du wieder viele neue Verben kennengelernt. Welche Formen kannst du dir noch nicht so gut merken? Schau sie dir noch einmal an:
Verben auf -**ir**: L3, Ü4
Verben auf -**ir** mit Stammerweiterung (**choisir** und **finir**): L4, Ü6
recevoir: L1, Ü9
dire: L1, Ü5
envoyer: L1, Ü9
découvrir, **ouvrir** und **offrir**: L2, Ü8; L4, Ü6
devoir: L2, Ü6
voir: L3, Ü5
lire: L4, Ü5
écrire: L4, Ü5

Diese Formen konnte ich mir gut merken:

....

....

Diese Formen kann ich mir noch nicht so gut merken:

....

....

1 Elle se présente – Reflexive Verben

→ G7.5 → nach SB, Extra 2, Ü3

a Regarde les phrases et explique la différence *(den Unterschied)*.

Lina **présente** Emma.

Emma **se présente**.

b Relie.

1. Le matin, je ○
2. Tu ○
3. On ○
4. Pendant les vacances, nous ○
5. Vous ○
6. Demain, ils ○

○ **te** lèves à quelle heure? (a)
○ **me** lève très tôt. (b)
○ **vous** levez quand? (c)
○ **se** lève à 6h30. (d)
○ **se** lèvent à 8h. (e)
○ **nous** levons tard. (f)

c Complète les dialogues avec les pronoms.

1. Mardi prochain, il y a un match de ping-pong au collège. Vendredi soir, Emma et Lina discutent.

Lina: On .... entraîne ensemble demain?

Emma: Oui, à quelle heure?

Lina: Euh, je ne sais pas. A 8h30 peut-être?

Emma: Tu rigoles? Je ne .... lève pas si[1] tôt le week-end.

Lina: Tu .... lèves quand le matin?

Emma: Vers 10h.

Lina: Bon, alors on .... retrouve dans le parc à midi? Et on mange ensemble?

Emma: D'accord. On .... voit demain.

Lina: Oui, à demain.

[1] **si** so

→

2. Le lendemain dans le parc …

Théo: Eh, les filles, vous .... entraînez sans nous?

Lina: Ben, oui. On veut gagner le match!

Farid: Mais Théo et moi, on joue très bien!

Lina: Ne .... énervez pas! Je rigole. Si vous voulez, nous .... entraînons tous ensemble.

2 On se voit demain? → G7.5 → nach SB, Extra 2, Ü3

Im Urlaub in Frankreich lernst du auf dem Campingplatz ein französisches Mädchen kennen.

1. Du fragst sie, wie sie heißt:

....

2. Sie nennt dir ihren Namen und fragt nach deinem Namen. Du sagst ihr, wie du heißt:

....

3. Sie ist mit ihren Eltern und ihrem Bruder auf dem Campingplatz. Du fragst sie, ob sie sich gut miteinander verstehen:

....

4. Sie fragt dich, ob ihr euch morgen wieder hier treffen wollt. Du sagst ja und fragst, wann ihr euch trefft:

....

5. Sie sagt, dass ihr euch um 9 Uhr treffen könnt. Du sagst, dass du einverstanden bist und ihr euch morgen seht:

....

Ecris ta phrase préférée avec un verbe pronominal.

....

....

1 Ils faisaient plein de choses – Das imparfait → G10 → vor SB, Extra 3, Ü4

a Lis le journal intime *(Tagebuch)* de Julie et surligne les verbes à l'**imparfait** en **vert** et les verbes au **passé composé** en **orange**.

Ici, à Avignon, c'est super et mes copains sont cool mais parfois je suis triste.
*Quand j'**habitais** à Paris, je **retrouvais** mes amis tous les jours. On **faisait** plein de choses super cool et on **rigolait** beaucoup. On **sortait** presque tous les week-ends, on **allait** au parc et quand il ne **faisait** pas beau, on se **retrouvait** souvent chez moi ou chez Maxime. Hier, Malika m'**a appelé**. Mercredi après-midi, elle **a fait** du shopping avec Maxime, ensuite ils **ont mangé** à la pizzeria, puis ils **sont allés** à un concert hyper cool.*
Et moi, je suis ici, loin d'eux. ☹

b Lis le texte encore une fois et complète.

1. Zustände und wiederholte Handlungen in der Vergangenheit beschreibt man mit dem …………………….
2. Ereignisse in der Vergangenheit beschreibt man mit dem …………………….

c Complétez les phrases avec les pronoms personnels.

1. *Anna:* Tu retrouvais tes copains tous les jours?
2. *Julie:* Oui et ………… discutions tous les jours.
3. ………… aimais sortir avec mes amis.
4. ………… faisait souvent la fête.
5. ………… rigolaient beaucoup.
6. *Anna:* ………… habitiez dans quel arrondissement?

d Complète les phrases avec les verbes à l'imparfait.

jouer – regarder – aimer – adorer – aller (2x)

1. J'…………………… passer les après-midis avec mes copains.
2. Tu …………………… au badminton tous les mercredis?
3. On …………………… souvent à la piscine.
4. Nous …………………… beaucoup de films ensemble.
5. Vous …………………… souvent au ciné?
6. Les jeunes …………………… faire la fête ensemble.

*Um die Formen des **imparfait** zu bilden, überlege dir, wie die 1. Person Plural (nous) des Verbs im Präsens lautet.*
*nous **fais**ons → nous **fais**ions*

Qu'est-ce que tu faisais quand tu étais petit(e)? Ecris deux phrases.

1. ....

....

2. ....

....

2 Julie ne connaissait personne

→ G10 → nach SB, Extra 3, Ü4

Complète l'e-mail de Julie à sa corres Lisa et mets les verbes au **passé composé** ou à l'**imparfait**.

Denk daran, dass einige Verben das ***passé composé*** *mit* ***être*** *bilden.*

e-mail

Coucou Lisa,

Ça va? Qu'est-ce que tu fais? Je ne t'.................. pas encore .... (raconter) que j'habite à Avignon maintenant. Quelle surprise, hein?

Au début, j'..................... (être) très triste et j'..................... (avoir) un peu peur.

Ce n'..................... (être) pas facile ici et je ne .... (connaître) personne.

Paris et mes amis me manquent. Mais j'........... vite .... (trouver) des copains.

Ils sont cool. Hier, il .... (faire) beau et j' .... (retrouver) une fille de ma classe dans le parc. Puis, nous .... (aller) chez elle pour manger. Ensuite, elle m'.. (montrer) des photos et on .... (regarder) un film. Aujourd'hui, je vais au ciné avec deux copains.

Tu vois, la vie à Avignon n'est pas ennuyeuse[1]. ☺

Bises et à bientôt

Julie

---

1 **ennuyeux, ennuyeuse** langweilig

1 Il achète un nouveau t-shirt – beau / nouveau

→ G6 → vor SB, Extra 4, Ü4

a Regarde la scène, lis et observe: où sont les adjectifs? Puis complète.

1. adjectif avant le nom:

....

2. adjectif après le nom:

....

b Qu'est-ce que Farid et Théo ont acheté? Relie.

1. des nouveau**x**	albums (a)
2. des nouvel**les**	livre (b)
3. des nouveau**x**	crayons (c)
4. un nouveau	chaussures (d)
5. un nouvel	règle (e)
6. une nouvelle	effaceur (f)

*Vor männlichen Nomen, die mit Vokal oder stummem h beginnen wird **nouveau** zu **nouvel**.*

c Regarde les formes de l'adjectif **nouveau** encore une fois. Puis complète avec les formes de l'adjectif **beau**.

*Das Adjektiv b**eau** hat dieselben Endungen wie nouv**eau**.*

1. une .... journée
2. des .... souvenirs
3. un .... après-midi
4. un .... week-end
5. des .... vacances
6. des .... après-midis

2 Ta casquette est belle. Elle est nouvelle? → G6 → nach SB, Extra 4, Ü4

a Complète les bulles avec les adjectifs **beau** et **nouveau** à la bonne forme.

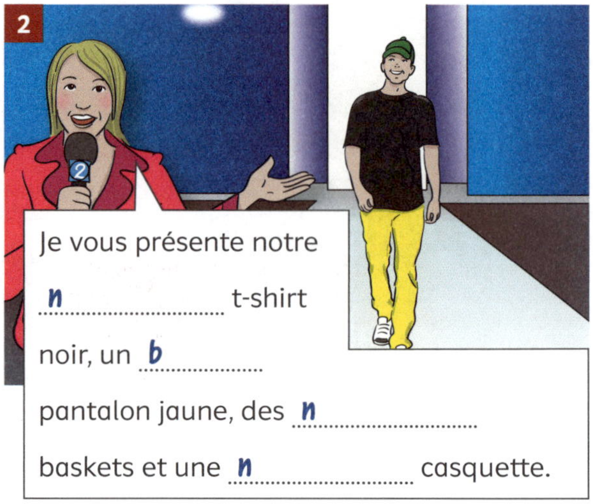

b Complète le dialogue avec les adjectifs **beau** et **nouveau** à la bonne forme.

1. Le 21 juin, Emma, Théo et Farid veulent aller à la fête de la musique. Ils discutent.

Emma: Vous avez lu le programme? Il y a beaucoup de n .... artistes.

Théo: Oui, regarde. Il y a un jeune chanteur qui donne un concert près de chez moi cet après-midi.

Emma: Ah oui, je le connais. J'ai son n .... album. Ses chansons sont b ....

Théo: Alors on y va? Et on demande aussi à Emma.

Lina: Tu peux lui demander mais elle a rendez-vous avec son n .... copain.

Théo: Quel est le problème? On demande s'il veut venir aussi. Je l'appelle.

Lina: Attends, elle a un n .... portable …

Théo: Tu me donnes son n .... numéro?

Lina: Oui. Voilà.

2. Après le concert, Lina rentre à la maison.

Mère: Vous avez passé un b .... après-midi?

Lina: Oui, c'était fantastique. Regarde, j'ai pris des photos.

Mère: Oh, oui. Elles sont b ....

1 Une fille que Lina connaît … – Der Relativsatz mit qui, où, *que

→ G21

→ nach SB, Extra 5, Ü4

a Traduis les phrases en allemand, surligne les pronoms relatifs dans les phrases françaises et allemandes et compare. Est-ce qu'il y a une différence *(Unterschied)*?

1

2

1. Lina attend Emma qui est en retard.
3. Elles ont rendez-vous avec une copine que Lina connaît du cours de hip-hop.

2. Théo attend Farid qui est en retard.
4. Ils ont rendez-vous avec un garçon que Théo connaît du cours de hip-hop.

1. ....

....

Im Deutschen steht vor dem Relativpronomen ein Komma, im Französischen nicht.

2. ....

3. ....

4. ....

b Regarde les phrases encore une fois et complète.

1. .... = Subjekt des Relativsatzes

2. .... = Objekt des Relativsatzes

b Relie.

Aujourd'hui, les copains ont rendez-vous dans un restaurant …

1. C'est un restaurant **que** ◯

2. C'est un restaurant **où** ◯

3. C'est un restaurant **qui** ◯

◯ est au centre-ville. (a)

◯ les copains aiment bien. (b)

◯ on peut manger des grandes pizzas. (c)

2 C'est ta copine qui habite à Avignon? → G21 → nach SB, Extra 5, Ü4

Maxime montre des photos à son cousin Julien. Complète le dialogue.

1. *Maxime:* Regarde. Ici, c'est Noémie, une fille .... est dans ma classe.
   Julien: Et la fille .... écoute de la musique, c'est qui?
   Maxime: C'est Julie. Une copine .... je connais depuis 10 ans. Je t'ai raconté, elle a déménagé à Avignon .... sa mère a ouvert un restaurant.

2. *Maxime:* Le garçon .... tu vois sur cette photo, c'est Sami. Un copain .... Julie a rencontré en Ardèche .... elle a fait une colo.
   Julien: Et le garçon .... joue au ping-pong, c'est qui?
   Maxime: C'est Alex.
   Julien: Ah, c'est ton copain .... vient de Liège?
   Maxime: Oui. Il est super sympa.

3 Devinette → G21 → nach SB, Extra 5, Ü4

Fais des phrases relatives avec **qui**, **que / qu'** ou **où**. Puis trouve la solution.

*Vor Vokal wird **que** zu **qu'**: une fille **qu'e**lle connaît*

1. Exemple: C'est un message. On lit ce message sur un portable.
   C'est un message qu'on lit sur un portable.
   C'est un texto.
2. C'est un restaurant. Dans ce restaurant, on peut manger des pizzas.
   ....
   C'est une ....
3. C'est une grande tour à Paris. Beaucoup de touristes visitent cette tour.
   ....
   C'est la ....
4. C'est un vêtement. On met ce vêtement pour faire de la natation.
   ....
   C'est un ....
5. C'est une personne. Cette personne travaille au CDI d'un collège.
   ....
   C'est un/une ....

Leçon 1

1 Elle est contente

a Ist das Bezugswort (Nomen) feminin und steht im Singular, wird an die weibliche Form des Adjektivs in der Regel ein **-e** angehängt. Bei femininen Nomen im Plural endet das Adjektiv in der Regel auf **-es**. Ist das Bezugswort maskulin und steht im Plural, wird an die männliche Form des Adjektivs in der Regel ein **-s** angehängt.

b 1. seule – fatigué
2. bizarre – fâché – jaloux – amoureux – amoureuse

c malades – courageuses – agressives – lâche – seul

2 Ils n'attendent pas

a / b
ne … pas = nicht
ne … plus = nicht mehr
ne … pas encore = noch nicht
ne … rien = nichts

3 Théo n'est pas encore là

1. Aujourd'hui, Farid fait une fête, mais Théo n'est pas là.
Emma: Est-ce que Théo **ne** vient **pas**?
Lina: Je **ne** sais **pas**. Il **n'**a **rien** dit.
Emma: Tu lui demandes?
Lina: D'accord … Mince, mon portable **n'**a **plus** de batterie.
Emma: Attends, je lui envoie un texto.
2. *Lina:* Alors, qu'est-ce qu'il a répondu?
Emma: Il **ne** vient **pas**.
Lina: Pourquoi?
Emma: Il **n'**a **pas encore** révisé l'anglais pour l'interro.

4 Qu'est-ce que tu dis en français?

1. Non, je n'ai plus envie.
2. Je n'ai pas envie de faire de la natation.
3. Je n'ai pas encore demandé à mes parents.
4. Je n'ai rien compris.

5 On ne dit rien à Noémie

a 1. dis – a dit – dites – disons
2. disent – as dit – dit – dis

b 1. dis, 2. dis, 3. dit, 4. disons, 5. dites – disent, 6. ont dit

c 1. dit, 2. dis, dis, 3. as dit, 4. disons

6 Lui ou leur?

a Das indirekte Objektpronomen für die 3. Person Singular ist **lui**. Das indirekte Objektpronomen für die 3. Person Plural ist **leur**. Die indirekten Objektpronomen stehen für **à + Person**.

b 1. lui, 2. leur

7 Qu'est-ce qu'on lui propose?

1. *Maxime:* Malika ne rigole plus comme avant. Qu'est-ce qu'on peut faire?
Julie: On **lui** propose d'aller au ciné ce week-end?
Maxime: Oui, bonne idée. Tu **lui** envoies un texto?
Julie: D'accord. On demande aussi à Noémie et Alex?
Maxime: Oui, je **leur** demande.
2. *Julie:* Malika a répondu. Elle n'a pas envie d'aller au ciné.
Maxime: Alors qu'est-ce que tu **lui** réponds?
Julie: Je **lui** ai proposé de faire du sport ensemble. Ah, elle a déjà répondu. Elle veut faire du vélo.
Maxime: Mince, Noémie et Alex ont aussi répondu. Ils veulent aller au ciné. Qu'est-ce qu'on **leur** dit maintenant?
Julie: On **leur** explique la situation. Ils vont comprendre.

8 On leur raconte tout

1. Tu lui expliques le problème.
2. Tu leur racontes l'histoire.
3. Oui, tu lui montres le message.
4. Tu ignores le SMS. Tu ne leur réponds pas.

9 La fête de Zoé

a

B	G	H	L	J	O	M	W	L	H	R
K	X	I	U	I	R	K	Q	I	N	E
H	B	R	E	C	E	V	O	N	S	C
S	R	E	L	P	Ç	L	F	P	Z	E
G	E	Ç	H	K	O	J	S	Q	G	V
D	Ç	O	P	R	I	L	D	F	B	E
P	O	I	Z	F	T	S	G	E	N	Z
O	I	S	R	E	Ç	O	I	S	J	V
L	V	H	E	S	G	H	S	P	G	B
K	E	G	Ç	C	R	G	N	M	D	N
M	N	I	U	V	P	U	O	F	W	D
B	T	Y	X	A	H	L	Y	V	V	F

recevoir: je **reçois**, tu **reçois**, il / elle / on **reçoit**, nous **recevons**, vous **recevez**, ils / elles **reçoivent**, j'ai **reçu**

b 2. envoient un paquet à leurs copains. 3. envoyons un texto aux copains? 4. envoies souvent des e-mails à tes amis? 5. envoyez beaucoup de SMS à vos copains? 6. a envoyé une carte d'anniversaire à son corres. 7. envoie un cadeau à une amie.
Mot mystère: un **message**

c 1. reçoit – a envoyé – parles, 2. parle – a dit, 3. comprends – a parlé – ai invité

Leçon 2

1 Elle raconte que …

a Die indirekte Rede benutzt man, wenn man eine Äußerung wiedergeben möchte.

b
1. Lina explique / raconte / dit que Farid a rendez-vous avec Emma.
2. Lina explique / raconte / dit qu'ils font du vélo.
3. Lina explique / raconte / dit qu'ils vont à Paris-Plages.

2 Qu'est-ce qu'elles disent?

a In der indirekten Rede können sich Pronomen und Verbformen ändern.

b
1. Lina raconte qu'elle a rencontré un garçon sympa à la fête de sa copine.
2. Emma explique qu'elle a oublié son maillot de bain.
3. Lina dit qu'elle ne peut pas (manger de glace). Elle explique que son bus arrive dans deux minutes.
4. Lina dit qu'elle prend une Quatre fromages. Elle explique que c'est sa pizza préférée.
5. Lina raconte qu'elle est chez Théo.
Elle explique qu'ils veulent faire du roller.

3 Tu nous racontes?

a Die indirekten Objektpronomen stehen in der Regel vor dem konjugierten Verb. Im Infinitivsatz und in Sätzen im **futur composé** stehen sie vor dem Infinitiv.

b 1. me / m', 2. nous, 3. te / t', 4. vous

4 Tu me montres Paris?

1. Ce week-end, les cousins de Farid vont venir à Paris.
Farid: On fait quelque chose ensemble samedi? Je veux **te** présenter mes cousins.
Théo: Oui, bonne idée.
Farid: Super! Rendez-vous vers 15 heures à l'Arc de triomphe? Je **t'**envoie un texto quand nous sommes dans le bus.
Théo: Oui, ou tu **me** téléphones …
2. Samedi, Farid et ses cousins retrouvent Théo devant l'Arc de triomphe.
Farid: Alors, on visite Paris?
Théo: On peut **vous** montrer la tour Eiffel si vous voulez …
Cousin: On a déjà visité la tour Eiffel. Mais vous pouvez **nous** montrer le stade de France?
Farid: Oui, pourquoi pas.

5 Lina est à l'hôpital

1. Farid, Emma et Théo discutent.
Farid: Lina **m'**a envoyé un texto. Elle a le bras cassé et maintenant elle est à l'hôpital.
Emma: Oui, depuis hier.
Farid: Ah, elle **t'**a raconté?
Emma: Oui. Elle **m'**a envoyé une photo. Attendez, je **vous** montre son plâtre. Regardez …
Théo: Oh, la pauvre! On **lui** prépare une surprise?
Farid: Super idée! On **lui** achète un livre et on va à l'hôpital ensemble?
Emma: Oui, d'accord. Tu as l'adresse?
Farid: Non, mais j'ai le numéro de téléphone de ses parents. Je vais **leur** demander.
2. Le lendemain devant l'hôpital.
Emma: Excusez-moi, madame. On cherche la chambre 407. Est-ce que vous pouvez **nous** montrer le chemin?
Dame: Oui, venez. Je **vous** montre le chemin sur le plan de l'hôpital.
Farid: Merci beaucoup.

6 Nous devons demander à nos parents

a 1. dois – devons – doit – devez, 2. ai dû – dois – doivent

b **devoir** = müssen, **pouvoir** = können

c 1. dois (d), 2. dois (a), 3. doivent (e), 4. devons (b), 5. devez (f), 6. doit (c)

d 1. dois, 2. devons, 3. doivent, 4. dois

7 Viens avec nous!

a Die unverbundenen Personalpronomen benutzt man nach Präpositionen (z. B. avec) und in Sätzen ohne Verb. Man kann sie auch zur Betonung verwenden.

b 1. *Lina:* Qu'est-ce que tu fais?
Emma: Je chatte avec Théo et Farid. Je vais à la crêperie avec **eux** demain.
Lina: Cool!
Emma: Tu veux venir avec **nous**?
Lina: Je ne peux pas. Une copine veut regarder un film avec **moi** et demain je vais au ciné avec **elle**.

2. *Farid:* Allô! Tu es où?
Lina: **Moi**? Dans le bus. Et **toi**?
Farid: A la maison. Est-ce que Théo est avec **toi**?
Lina: Non, il est à la piscine. Pourquoi?
Farid: Mince! J'ai rendez-vous avec **lui** et Emma devant la crêperie dans une heure et je ne peux pas venir.
Lina: Ah, je comprends. Emma est avec **moi**. Tu veux parler avec **elle**?
Farid: Oui, merci.

8 Une chute à vélo

a 2. découvres, 3. découvre, 4. découvrons, 5. découvrez, 6. découvrent, 7. découvert
Mot mystère: une aventure

b 1. Aujourd'hui, Lina et Emma veulent faire une balade à vélo.
Mère de Lina: Eh, les filles! Attendez! Vous **devez** mettre vos casques.
Lina: Mais oui, maman, je sais!
Emma et Lina **mettent** leurs casques et **montent** sur leurs vélos.

2. Sur le chemin, Emma **découvre** que son vélo a un problème. Elle n'**arrive** pas à freiner et son vélo **accélère**.
Lina: Fais attention, Emma! Tu **roules** trop vite.
Emma: Oui, j'**essaie** de freiner, mais …
Emma **perd** l'équilibre et **tombe**.
Emma: Aïe!
Lina: C'est grave? Tu **peux** marcher?
Emma **enlève** son casque.
Emma: J'ai un peu mal au bras, mais ça va.
Lina: Ouf! Mais il faut contrôler ton vélo. Et tu **dois** prendre un rendez-vous chez le médecin.
Lina **prend** son portable. Elle **trouve** le numéro d'un médecin sur Internet.

3. Cinq minutes plus tard …
Lina: Tu as rendez-vous chez le médecin dans une heure.
Emma: Merci. Mais qu'est-ce que je **fais** avec mon vélo?
Lina: Ben, on **pousse** nos vélos. Ce n'est pas loin.

Leçon 3

1 Tu es allée où?

a Im **passé composé** mit **être** wird das **participe passé** an das Subjekt angepasst. Das **participe passé** hat dann folgende Endungen:
männliches Subjekt im Singular: **-**,
weibliches Subjekt im Singular: **-e**,
männliches Subjekt im Plural: **-s**,
weibliches Subjekt im Plural: **-es**,
weiblich + männliche Subjekte (gemischte Gruppe): **-s**

b 1. -ées, 2. -é, 3. -ée, 4. -és, 5. -és

2 Un séjour à Hambourg

C'est super ici, chez Anna. Hier, les copains de la classe et moi, nous **sommes arrivés** à Hambourg à 19h. Anna **est venue** me chercher à la gare et nous **sommes allées** chez elle. Aujourd'hui, un copain d'Anna **est venu** et nous **sommes allés** à l'arrêt de bus pour aller au centre-ville. Mais Anna a oublié son sac.
Alors elle **est retournée** à la maison. Quand elle **est revenue**, nous **sommes montés** dans le bus tous ensemble. Nous avons visité l'Eglise Saint-Michel de Hambourg et nous **sommes montés** dans la tour. Les Allemands appellent l'église «Der Michel» … Drôle de nom pour une église. Après, Anna et moi, nous **sommes rentrées** chez elle. Je suis crevée, mais on a passé une super journée. Et maintenant il faut dormir …

3 Etre ou avoir?

a **être**: aller, tomber, retourner, entrer, arriver, rester, monter
avoir: être, changer, perdre, envoyer, comprendre, attendre, chatter, enlever

b 1. Lina a perdu son portable. Elle rencontre Farid devant la cantine.
Farid: Tu **as trouvé** ton portable?
Lina: Non! Mes parents vont être fâchés.
Farid: Où est-ce que tu **as cherché**?
Lina: D'abord, je **suis allée** à la cantine. Pas de portable … Puis, Emma **est venue** et on **a cherché** ensemble. Nous **sommes allées** au gymnase, mais nous n'**avons** rien **trouvé**. Après, nous **avons demandé** aux surveillants. Ils **sont allés** au CDI avec nous. Toujours pas de portable …
Farid: Tu **as** peut-être **perdu** ton portable sur le chemin?
Lina: Non, quand je **suis arrivée** au collège, j'**ai envoyé** un texto à Emma.
2. Théo arrive.
Théo: Lina! J'**ai trouvé** ton portable!
Lina: Ce n'est pas vrai! Où?
Théo: Euh … Quand je **suis monté** sur mon vélo, quelque chose **a sonné** et j'**ai regardé** dans mon sac. Peut-être que je n'**ai** pas **fait** attention après la récré et …
Lina: Tu rigoles? J'**ai cherché** partout!!!
Théo: Je suis désolé!

4 On sort ce soir?

a 1. partez – partons – sort – sors – sortent
2. sors – sorti

b 1. pars, 2. pars, 3. part, 4. sortons, 5. sortez, 6. parti, 7. partent

c 1. Tu **sors** – Théo **sort** – On peut **sortir**
2. Nous **partons** – Le bus **part**
3. Tu **sors** – je **sors** – je **sors**
4. Le bus **part** – on **part** – je **pars**

5 Un e-mail de Farid

a

J	P	S	B	P	I	E	O
V	U	L	N	V	D	B	L
O	O	C	V	O	I	S	G
I	S	V	O	Y	O	N	S
T	D	Y	I	E	N	Q	X
X	R	V	S	Z	P	U	P
L	T	S	N	R	L	W	V
M	G	V	O	I	E	N	T

je **vois**, tu **vois**, il / elle / on **voit**, nous **voyons**, vous **voyez**, ils / elles **voient**, j'ai **vu**

b

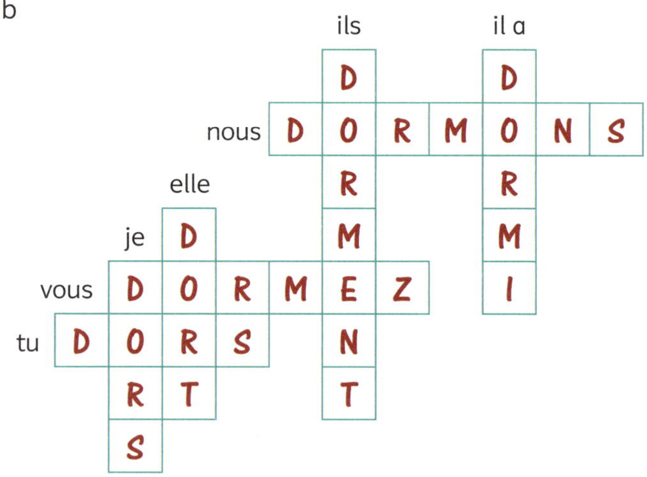

c Salut Lina,
Qu'est que tu **as fait** pendant les vacances? Tu **es partie** avec tes parents? Moi, j'**ai passé** un super week-end avec mon club de foot. A la gare, les moniteurs nous **ont donné** nos billets. Nous **avons attendu** le train pendant une heure. A 13 heures, nous **sommes** enfin **montés** dans le train et l'aventure **a commencé**. A 19 heures, nous **sommes arrivés** au camping. J'**ai dormi** dans une tente avec deux copains.
Samedi, nous **sommes allés** au parc naturel et on **a vu** plein d'animaux. J'**ai** beaucoup **appris** sur la nature. Dimanche, on **a fait** un grand pique-nique. Quand je **suis revenu**, ma mère **est venue** me chercher à la gare. Maintenant je suis à la maison, mais je n'arrive pas à dormir. Et toi? Tu dors déjà?
A +
Farid

6 Tu veux du jus d'orange?

a **du** verwendet man vor männlichen Nomen im Singular und **de la** vor weiblichen Nomen im Singular. Vor männlichen und weiblichen Nomen im Singular, die mit Vokal (oder stummem h) beginnen, steht **de l'** und vor Nomen im Plural **des**.

b 1. du, 2. de la, 3. de l', 4. des

7 Un petit-déjeuner entre copains

a *Lina:* Qu'est-ce que tu veux manger? **Du pain** avec **de la confiture** ou **des céréales**?
Emma: **Des céréales** avec **du lait**, s'il te plaît.
Lina: D'accord. Tu prends **de l'eau** ou **de la tisane**?
Emma: Euh, je peux avoir **du jus d'orange**?
Lina: Oui, attends …

b 1. Tu veux des céréales avec du lait?
2. Tu veux de la confiture ou du beurre?
3. Tu prends / bois de l'eau ou du lait?
4. Tu veux encore du pain?
5. Tu peux me passer la confiture, s'il te plaît?

Leçon 4

1 Tu connais ce chanteur?

a Vor männlichen Nomen im Singular, die mit einem Konsonanten beginnen, verwendet man den Demonstrativbegleiter **ce**. Vor männlichen Nomen, die mit Vokal (oder stummem h) beginnen, steht **cet**. vor weiblichen Nomen im Singular verwendet man **cette.** Vor Nomen im Plural steht **ces**.

b 1. **cet** après-midi – **ce** soir – **ce** restaurant
2. **ce** t-shirt – **cette** couleur – **ce** sweat-shirt
3. **ces** baskets – **ces** chaussures – **Ce** sweat-shirt – **ces** chaussures.
4. **ce** soir – **Cette** fois

2 Tu la connais?

a Die direkten Objektpronomen für die 3. Person sind **le**, **la** und **l'** (Singular) und **les** (Plural). Das direkte Objektpronomen **le** ersetzt ein männliches Nomen, **la** ein weibliches. Vor männlichen und weiblichen Nomen, die mit Vokal (oder stummem h) beginnen, verwendet man **l'**. Das direkte Objektpronomen für die dritte Person Plural ist **les**.
Mit den direkten Objektpronomen kann man Wiederholungen vermeiden.

b Lundi matin, c'est le stress à la maison.
Farid: Mince! Maman, tu as vu mes clés? Je ne **les** trouve pas.
Mère: Regarde sur la table.
Farid: Sur la table, il y a seulement le portable de Zoé.
Zoé: Quoi? Mon portable? Je **le** cherche partout! Et où est ma robe bleue? Je veux **la** mettre aujourd'hui!
Farid: Pourquoi est-ce que tu me demandes ça? Je ne **l'**ai pas.
Zoé: Ce n'est pas vrai! Je **la** mets toujours ici …
Mère: Mais regarde! Elle est là! Tu **la** vois sur la chaise?
Zoé: Merci, maman.
Mère: Farid, tes clés sont sur l'étagère. Tu **les** poses toujours n'importe où.

3 Au restaurant

1. Un instant, s'il vous plaît. Je l'apporte tout de suite.
2. Oui, je les apporte dans une minute.
3. Oui, on la prépare avec des oignons.
4. Oui, je la débarrasse tout de suite.
5. Oui, on peut le placer à la table 4.

4 Lina le lui explique

Emma: Qu'est-ce que tu as acheté pour l'anniversaire de Farid?
Lina: Une casquette et un t-shirt.
Emma: Tu **me les** montres demain?
Lina: Attends, j'ai fait une photo. Je **te l'**envoie tout de suite.
Emma: D'accord.
Lina: Et toi, est-ce que tu as déjà acheté la BD de Titeuf pour lui?
Emma: Non, mais je vais **la lui** acheter demain soir.
Lina: Mais demain, c'est déjà son anniversaire.
Emma: Mince, tu as raison! Alors je lui achète un CD ce soir et je **le lui** donne demain.

5 Qu'est-ce qu'ils lisent?

a lis – lis – ai lu – écrivons – ai déjà écrit – lit – écrit – écrivent – lisez – lisons – écris
lire: je **lis**, tu **lis**, il / elle / on **lit**, nous **lisons**, vous **lisez**, ils / elles **lisent**, j'**ai lu**

écrire: j'**écris**, tu **écris**, il / elle / on **écrit**, nous **écrivons**, vous **écrivez**, ils / elles **écrivent**, j'ai **écrit**

b 1. lu – écrit – écrit – écris, 2. lisons – Lisez

6 Une surprise pour Malika!

a 1. e, 2. d, 3. b, 4. f, 5. c, 6. g, 7. a

b ouvrir: j'**ouvre**, tu **ouvres**, il / elle / on **ouvre**, nous **ouvrons**, vous **ouvrez**, ils / elles **ouvrent**, j'ai **ouvert**
choisir: je chois**is**, tu chois**is**, il / elle / on chois**it**, nous chois**iss**ons, vous chois**iss**ez, ils / elles chois**iss**ent, j'ai chois**i**

c 1. Aujourd'hui, Malika **fête** son anniversaire avec ses copains. Deux copines lui **offrent** un CD, un autre copain lui **offre** un bracelet. Trois copains ont **écrit** des cartes d'anniversaire. Mais Maxime, Noémie et Alex ne lui donnent rien. Malika **trouve** ça un peu bizarre.

2. Plus tard, les copains **mangent** ensemble.
Malika: Alors, comme entrée, il y a une salade de tomates et comme plat principal, je vous **sers** des steaks avec des pommes de terre. Et comme dessert, il y a de la crème brûlée ou une boule de glace. Vous **choisissez**.
Maxime: Waouh, quel menu!

3. Tout à coup, on **sonne** à la porte. Malika **ouvre**.
Julie: Joyeux anniversaire!
Malika: Ouah, Julie! J'hallucine! Eh, regardez, Julie **est** là.
Maxime: Super surprise, non? Et voilà notre cadeau. Nous avons **attendu** Julie.
Malika: Merci! Je l'**ouvre** tout de suite.

4. Malika **place** Julie à côté de Noémie. Elle **ajoute** un couvert pour Julie.
Malika: Et maintenant … Bon appétit!

Leçon 5

1 Tout le monde vient à la fête

a Vor männlichen Nomen im Singular verwendet man **tout le**, vor weiblichen Nomen im Singular **toute la**. Vor männlichen Nomen im Plural steht **tous les** und vor weiblichen Nomen im Plural **toutes les**.

b **tous les** jours – **toute la** semaine – **tout le** week-end – **toutes les** vacances

2 Qu'est-ce que tu fais toute la journée?

a **toute la** journée – **tous les** devoirs – **tous les** livres – **tout l'**après-midi – **toutes les** gaufres

b **Tous les** matins – **tous les** sports – **toute la** journée – **toutes les** filles – **tous les** soirs – **toute la** semaine

3 Quel film est-ce qu'on regarde?

a Vor männlichen Nomen im Singular steht **quel**, vor weiblichen Nomen im Singular **quelle**. Vor männlichen Nomen im Plural verwendet man **quels** und vor weiblichen Nomen im Plural **quelles**.

b 1. A **quelle** heure – **quel** bus
2. **Quels** bonbons – **quelles** boissons
3. **Quel** est le problème?
4. **quel** est le prix …?

4 On va à Rungis

1. Quels pavillons est-ce qu'on va visiter?
2. A quelle heure est-ce que la visite commence?
3. Quels produits est-ce qu'on trouve?
4. Quelles entreprises est-ce qu'il y a à Rungis?

5 Elle n'a jamais visité Paris?

a ne … jamais = (noch) nie

b 1. Ils ne sont jamais allés sur la Côte d'Azur.
2. Je n'ai jamais mangé dans ce restaurant.
3. Nous n'avons jamais visité Nantes.
4. Je n'ai jamais dormi dans une tente.

6 Mathis n'est pas là?

1. *Tamara:* Est-ce que Mathis a un problème? Je **ne** l'ai **jamais** vu comme ça. Il **ne** rigole **plus** avec nous comme avant et il pose tout le temps des questions bizarres sur le foie gras.
Zoé: Ah bon, je **n'**ai **rien** remarqué.
Tamara: Tu **n'**as **pas** vu comment il m'a regardé ce matin?
Zoé: Euh, non. Je **n'**ai **pas** fait attention.
Tamara: En tout cas, c'est bizarre. Il faut lui parler.

2. *Tamara:* Adam, tu as vu Mathis?
Adam: Oui. Il est allé au «Saint Hubert», mais il **n'**est **pas encore** revenu.
Zoé: Quand est-ce qu'il revient?
Adam: Euh, je **ne** sais **pas.** Il **n'**a **rien** dit.
Zoé: D'accord. Alors j'attends ici.

7 Qui ou où?

a Man verwendet **qui** und **où** in Relativsätzen. **Qui** bezieht sich auf eine Person oder eine Sache und **où** auf einen Ort.

b 1. qui, 2. où

c Salut Julien,
Devine où je suis … Je suis à Avignon. Je passe le week-end chez ma copine, Julie.
Hier soir, on a mangé chez la mère de Julie et son copain **qui** ont ouvert un restaurant à Avignon. Après, on est sortis avec une fille **qui** est dans la classe de Julie. Elle est vraiment sympa. On est allés à un concert **où** on a rencontré deux autres copains de Julie **qui** ont fait la fête avec nous. Aujourd'hui, on va au festival de théâtre **où** on a rendez-vous avec les autres. Ça va être génial! Et toi, qu'est-ce que tu fais?
A+
Maxime

8 Un marché est un endroit où …

a 2. Les **acheteurs** sont les personnes **qui** achètent des produits.
3. **Rungis** est un marché **qui** est à 7 km de Paris.
4. Un **livreur** est quelqu'un **qui** apporte la marchandise au marché.

b 2. Mathis et Adam travaillent à Rungis où la journée de travail commence à minuit.
3. Gérard est un client qui négocie avec Mathis.
4. Mathis aime aller au café «Le Saint Hubert» où il discute avec ses collègues.

9 Tu m'entends?

a attendre: j'**attends**, tu **attends**, il / elle / on **attend**, nous **attendons**, vous **attendez**, ils / elles **attendent**, j'ai **attendu**
entendre: j'**entends**, tu **entends**, il / elle / on **entend**, nous **entendons**, vous **entendez**, ils / elles **entendent**, j'ai **entendu**

b 1. *Alex:* Hast du schon die Fotos von meiner Tanzaufführung gesehen? Sieh (mal).
2. *Julie:* Warum antwortest du nicht? Hast du mir nicht zugehört, oder was?
Maxime: Julie? Julie? Ich höre dich nicht mehr.

voir: sehen	entendre: hören
regarder: ansehen / anschauen	écouter: zuhören

c 1. *Antoine:* Je veux **regarder** un film. Tu as **vu** ma tablette? Je ne la trouve pas.
Mère: **Regarde** dans la chambre de Maxime. J'ai **vu** une tablette sur son bureau hier.
2. Antoine est dans la chambre de Maxime.
Mère: Tu as ta tablette?
Antoine: Non, je cherche partout, mais je ne la **vois** pas. J'appelle Maxime.
3. Maxime est chez Noémie. Ils **écoutent** de la musique. Le portable de Maxime sonne.
Antoine: Allô, Maxime? Je cherche ma tablette.
Maxime: Antoine? Je n'**entends** rien. Il y a trop de bruit ici. Attends …
Maxime arrête la musique.
Antoine: Tu m'**entends** maintenant?
Maxime: Oui. Qu'est-ce qu'il y a? Je t'**écoute**.
Antoine: Ma tablette, elle est où?
Maxime: Euh, ben … elle est ici. Noémie et moi, nous **écoutons** de la musique sur ta tablette.
Antoine: Mince!

10 Une fête au restaurant «Le Zinzolin»

Mme Moretti et son copain Philippe Roussel **organisent** une fête pour une entreprise dans leur restaurant. Ils **sont allés** au marché, **ont négocié** avec les vendeurs, **ont fait** leur choix et **ont rempli** leur voiture.
Mais quand ils **déchargent** la voiture et **vérifient** les cartons et les sacs, c'est la panique. Il **manque** un carton de légumes.
Mme Moretti: Qu'est-ce qu'on **fait** maintenant? La fête **commence** dans trois heures. Et il faut préparer les plats.
M. Roussel: Euh, moi, je **retourne** au marché et toi, tu **appelles** Julie. Peut-être qu'elle **peut** nous aider aujourd'hui?
Mme Moretti: Je ne sais pas. Elle **a** rendez-vous avec une copine …
M. Roussel: Bon, j'**appelle** Romain.
Mme Moretti: Merci!

Extra 2

1 Elle se présente

a In 1. stellt Lina Emma vor, in 2. stellt Emma sich selbst vor. Deshalb steht in 2. das Reflexivpronomen.

b 1. b, 2. a, 3. d, 4. f, 5. c, 6. e

c 1. Mardi prochain, il y a un match de ping-pong au collège. Vendredi soir, Emma et Lina discutent.
Lina: On **s'**entraîne ensemble demain?
Emma: Oui, à quelle heure?
Lina: Euh, je ne sais pas. A 8h30 peut-être?
Emma: Tu rigoles? Je ne **me** lève pas si tôt le week-end.
Lina: Tu **te** lèves quand le matin?
Emma: Vers 10h.
Lina: Bon, alors on **se** retrouve dans le parc à midi? Et on mange ensemble?
Emma: D'accord. On **se** voit demain.
Lina: Oui, à demain.

2. Le lendemain dans le parc …
Théo: Eh, les filles, vous **vous** entraînez sans nous?
Lina: Ben, oui. On veut gagner le match!
Farid: Mais Théo et moi, on joue très bien!
Lina: Ne **vous** énervez pas! Je rigole. Si vous voulez, nous **nous** entraînons tous ensemble.

2 On se voit demain?

1. Tu t'appelles comment?
2. Je m'appelle …
3. (Est-ce que) Vous vous entendez bien?
4. Oui, à quelle heure / quand est-ce qu'on se retrouve?
5. D'accord. On se voit demain.

Extra 3

1 Ils faisaient plein de choses

a Ici, à Avignon, c'est super et mes copains sont cool mais parfois je suis triste. Quand j'**habitais** à Paris, je **retrouvais** mes amis tous les jours. On **faisait** plein de choses super cool et on **rigolait** beaucoup. On **sortait** presque tous les week-ends, on **allait** au parc et quand il ne **faisait** pas beau, on se **retrouvait** souvent chez moi ou chez Maxime. Hier, Malika m'**a appelé**. Mercredi après-midi, elle **a fait** du shopping avec Maxime, ensuite ils **ont mangé** à la pizzeria, puis ils **sont allés** à un concert hyper cool. Et moi, je suis ici, loin d'eux. ☹

b 1. Zustände und wiederholte Handlungen in der Vergangenheit beschreibt man mit dem **imparfait**.
2. Ereignisse in der Vergangenheit beschreibt man mit dem **passé composé**.

c 1. Tu, 2. Nous, 3. J', 4. On, 5. Ils / Elles, 6. Vous

d 1. aimais, 2. jouais, 3. allait, 4. regardions, 5. alliez, 6. adoraient

2 Julie ne connaissait personne

Coucou Lisa,
Ça va? Qu'est-ce que tu fais?
Je ne t'**ai** pas encore **raconté** que j'habite à Avignon maintenant. Quelle surprise, hein?
Au début, j'**étais** très triste et j'**avais** un peu peur. Ce n'**était** pas facile ici et je ne **connaissais** personne. Paris et mes amis me manquent. Mais j'**ai** vite **trouvé** des copains. Ils sont cool. Hier, il **faisait** beau et j'**ai retrouvé** une fille de ma classe dans le parc. Puis, nous **sommes allées** chez elle pour manger. Ensuite, elle m'**a montré** des photos et on **a regardé** un film.
Aujourd'hui, je vais au ciné avec deux copains. Tu vois, la vie à Avignon n'est pas ennuyeuse. J
Bises et à bientôt
Julie

Extra 4

1 Il achète un nouveau t-shirt

a 1. adjectif avant le nom: **nouveau**
2. adjectif après le nom: **noir (Farbadjektive)**

b 2. d, 3. a, 4. b, 5. f, 6. e

c 1. belle, 2. beaux, 3. bel, 4. beau, 5. belles, 6. beaux

2 Ta casquette est belle. Elle est nouvelle?

a 1. – Ecoutez. C'est une b**elle** chanson.
– Oui, je la connais. Les n**ouveaux** guitaristes sont classe.